Ralf Booth

●

Mit allen Sinnen fröhlich sein
der Brummel Bär
lädt dazu ein

Ralf Booth

Mit allen Sinnen fröhlich sein

der Brummel Bär lädt dazu ein

Spiele, Geschichten und Lieder
zur Förderung der kindlichen
Wahrnehmung

Kösel

ISBN 3-466-30493-8
© 1999 by Kösel-Verlag GmbH & Co., München
Printed in Germany. Alle Rechte vorbehalten
Druck und Bindung: J. P. Himmer GmbH & Co. KG, Augsburg
Umschlagmotiv und Illustrationen im Innenteil: Monica May, München
Umschlaggestaltung: Elisabeth Petersen, München

1 2 3 4 5 · 03 02 01 00 99

*Gedruckt auf umweltfreundlich hergestelltem Werkdruckpapier
(säurefrei und chlorfrei gebleicht)*

Inhalt

Vorwort

Im alltäglichen Sprachgebrauch finden sich Redewendungen, die wir alle kennen und die wir, ohne groß darüber nachzudenken, verwenden. Da ist z.B. die Rede davon, »alle Sinne beisammenzuhalten«, sich »bis zur Besinnungslosigkeit« einer Sache hinzugeben oder »nicht bei Sinnen zu sein«. Die Beispiele zeigen, dass das Leben ohne menschliche Sinne gar nicht denkbar ist und dass sie uns in unserem täglichen Verhalten bis ins Kleinste beeinflussen.

Wenn im Alltag von menschlichen Sinnen die Rede ist, denken wir in der Regel an unsere Augen, mit denen wir sehen, an unsere Nase, mit der wir riechen, an die Ohren, mit denen wir hören, an die Zunge, mit der wir schmecken, und natürlich an unsere Haut, mit der wir fühlen.

Neben diesen fünf Sinnen besitzen wir jedoch noch zwei weitere Sinnessysteme, die wir häufig übersehen. Dies sind der Gleichgewichtssinn und die Tiefensensibilität. Unter ersterem können wir uns noch etwas vorstellen, letzterer bereitet mehr Schwierigkeiten. Was darunter konkret zu verstehen ist, werde ich im nächsten Kapitel genauer beschreiben.

Wie komplex das System der einzelnen Sinne sowie deren Zusammenarbeit ist, wird deutlich, wenn wir uns klar machen, dass sich unser Nervensystem aus 15 bis 25 Milliarden Nervenzellen zusammensetzt. Jede einzelne Nervenzelle ist mit 10 000 anderen Nervenzellen verknüpft, so dass man in etwa von 500 Billionen Verbindungsstellen ausgehen kann! Selbst wenn der Mensch in der Lage ist, Außenreize aufzunehmen, so kann er diese nur verarbeiten, wenn sein Nervensystem über genügend Nervenzellen und Nervenverbindungen verfügt.

Als Erzieher und Heilpädagoge habe ich in den vergangenen Jahren viele Kinder beobachten können, die sich in ihrer emotionalen oder sozialen Entwicklung auffällig verhielten. Dies ließ sich häufig auf eine verzögerte oder gestörte Sinneswahrnehmung zurück-

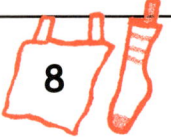

8

führen. Eltern, Pädagogen und Therapeuten können Kindern mit einfachen Spielen und Übungen helfen, ihre Sinne zu schulen und zu einer intakten Sinneswahrnehmung zu finden. Die von mir entwickelten Spiele und Übungen ersetzen natürlich keine Therapie, sondern können eine solche begleiten und unterstützen bzw. in der Therapie selbst eingesetzt werden. Darüber hinaus sind sie übrigens auch für Kinder geeignet, die keine Auffälligkeiten zeigen. Die eigenen Sinne im Spiel zu entdecken macht allen Kindern Spaß und unterstützt sie in ihrer Entwicklung. Ziel ist, die Sinne des Kindes zu wecken und es dadurch in seinem Verhalten und Erleben positiv zu beeinflussen. Helfen mag hierbei der kleine Bär namens Brummel, der den Kindern als Identifikationsfigur den Einstieg erleichtert und sie durch seine Wiederkehr zum Mitmachen einlädt. Kleine Geschichten unseres Freundes Brummel geben dem Kind einfühlsam und entwicklungsgerecht Einblick in die verschiedenen Zusammenhänge einzelner Sinnesleistungen, Lieder und Bewegungsformen versuchen in ganzheitlicher Sicht die Fähigkeiten und Fertigkeiten des Kindes anzuregen und bei ihm das Interesse an den eigenen Sinnen zu wecken.

Menschliche Sinne

Der Mensch wird geboren, um in der Gemeinschaft mit anderen zu leben. Um mit seiner Umwelt in Kontakt treten zu können, muss er sie wahrnehmen können. Das heißt, er muss all die vielen Signale, die die Welt um ihn herum aussendet, aufnehmen, einordnen, verwerten und in eine Reaktion umsetzen können. Das ist noch nicht alles, denn er muss auch die Signale, die er selbst seinem Gegenüber zusendet, kennen, um zu wissen, wie er auf den anderen wirkt. Sonst kann er dessen Reaktion nicht richtig bewerten. Hierbei helfen dem Menschen die verschiedenen Sinnessysteme: das visuelle, das auditive, das olfaktorische, das gustatorische und das taktile System sowie das vestibuläre und propriozeptive System. Anders und wesentlich einfacher ausgedrückt: Sehen, Hören, Riechen, Schmecken und Tasten. Hinzu kommen der Gleichgewichtssinn und die Tiefensensibilität. Also sieben Systeme, die losgelöst voneinander fungieren können, die aber auch in kaum auseinander zu haltender Weise miteinander tätig werden. In der Literatur hat man diese Sinnessysteme auf zweierlei Weise voneinander abgegrenzt. Zum einen spricht man von Fern- und Nahsinnen. Gemeint ist eine Unterscheidung danach, wie nah oder fern ein Reiz ist, den das Sinnessystem zu bearbeiten hat. Geschmacks- und Tastreize befinden sich in der direkten Nähe zum Menschen und zählen somit zu den Nahsinnen. Im Gegensatz dazu zählen das Sehen, Hören und Riechen zu den Fernsinnen, da hier die Reizquelle weit vom Menschen entfernt sein und trotzdem wahrgenommen werden kann. Viel interessanter als die Einteilung in Nah- und Fernsinne ist die Frage, welche der sieben Sinne zu den Basissinnen gehören. Hierzu zählen drei Sinnessysteme, und zwar der Tastsinn, der Gleichgewichtssinn und die Tiefensensibilität. Die Entwicklung aller sieben Sinne beginnt bereits im Mutterleib, die Basissinne entwickeln sich hierbei zuerst, sie sind sogar noch vor dem Sehen und Hören so weit ausgereift, dass sie sich von ihrer Reife her mit denen eines Erwachsenen vergleichen lassen; dies gilt vor allem für den

Gleichgewichtssinn. Wie die Bezeichnung »Basissinne« schon andeutet, stellen sie die Grundlage der menschlichen Entwicklung, auch der der weiteren Sinnessysteme, dar. Ohne den Gleichgewichtssinn könnte sich der Mensch nicht in den aufrechten Gang begeben, ohne die Tiefensensibilität könnte der Mensch seine Bewegungen nicht planen und ausführen.

Der Tastsinn beeinflusst nicht nur unsere geistigen Prozesse, sondern weist auch eine große emotionale Komponente auf. Experimente in früheren Jahren haben gezeigt, dass Affenbabys, denen ein Drahtgestell als Ersatzmutter diente, in ihrer Entwicklung zurückgeblieben waren und sogar noch schlechtere Ergebnisse auf sozialer, emotionaler und geistiger Ebene aufwiesen als Affenbabys, denen als Ersatzmutter ein mit einem Fell bezogenes Drahtgestell diente. Basissinne bilden also das Fundament. Ausschlaggebend ist jedoch, dass die an das Nervensystem weitergeleiteten Informationen richtig verarbeitet werden. Das Zusammenspiel von Sinnesorgan und Nervensystem muss funktionieren, denn ohne Nervensystem kann keine Auswertung der Sinnesreize zustande kommen. Es muss aber auch ganz klar darauf hingewiesen werden, dass das Nervensystem auf die Stimulation der Sinnesorgane angewiesen ist. Wie groß diese gegenseitige Abhängigkeit ist, stellte Jean A. Ayres in einer imposanten Testreihe dar. Sie entzog in einer Art Blackbox einer Testperson jegliche Sinnesreize, sogar die Informationen durch die Basissinnessysteme. Nach kurzer Zeit zeigte sich, dass sich das Gehirn der Testperson komplett desorganisiert hatte. Dieses ungeordnete Gehirn, die Schaltzentrale unseres Nervensystems, blieb auch einige Zeit nach dem Versuch in diesem Zustand. Aber auch eine andere Begebenheit macht das gegenseitige Abhängigkeitsverhältnis von Sinnesorganen und Nervensystem anschaulich. Unser Nervensystem ist bereits im Mutterleib, etwa in der 22. Schwangerschaftswoche, so weit gereift, dass die Zellteilung, also somit auch die Vermehrung der Nervenzellen, abgeschlossen ist, d.h. bereits alle Nervenzellen vorhanden sind. Das Wachstum des Nervensystems beruht ab diesem Zeitpunkt nur noch auf der Entwicklung der so genannten Dendriten, kleinen Fortsätzen, die wie Radarantennen Impulse anderer Nervenzellen auffangen. Verschiedene Versuche haben zu der Annahme geführt, dass die Entwicklung der Dendriten zu einem imposanten Dendritenbaum durch Reizentzug oder mangelnde Reizangebote gestört wird und sich dadurch der Dendritenbaum nur spärlich entwickelt. Ein Mangel an Reizangeboten kann auf das Fehlverhalten der Bezugspersonen zurückgeführt werden oder aber auf nicht vorhandenen Verknüpfungen der Sinnessysteme beruhen.

Wenn die Verbindung Sinnesorgan – Nervensystem gestört ist, können gezielt eingesetzte Übungen und Spiele helfen, indem sie den Austausch zwischen dem Sinnesorgan und Nerven system unterstützen, anregen und fördern. Man kann übrigens nur dann von einer Wahrnehmungsstörung, besser gesagt einer sensorischen Integrationsstörung sprechen, wenn das eigentliche Organ nicht geschädigt ist. Das ist ganz wichtig und sollte unbedingt überprüft werden. Wenn von einer Wahrnehmungsstörung die Rede ist, so ist entweder die Aufnahme, die Weiterleitung oder die Verarbeitung von Sinnesreizen gestört.

Fühlen

Wissenswertes zu diesem Sinnesbereich

Der Tastsinn gehört nicht nur zu den ersten Sinnessystemen, die sich im Mutterleib entwickeln und schon dort zu voller Funktionstüchtigkeit heranreifen, sondern er ist auch das größte Wahrnehmungssystem, das dem Menschen zur Verfügung steht. Da unsere Haut eine enorme Ausdehnung aufweist, bietet sie vielen Reizempfängern (Rezeptoren) Platz, um Berührungsreize, aber auch Schmerz- und Temperaturreize aufzunehmen.

Der Tastsinn entwickelt sich beim Kind von der globalen Empfindung einer Berührung bis hin zu der Fähigkeit, Reize konkret zu unterscheiden. Also angenehm und unangenehm, wichtig und unwichtig, gefährlich und harmlos voneinander abzugrenzen. Der Mensch ist ständig Berührungsreizen ausgesetzt, sei es durch die Kleidung, die uns umhüllt, die Stuhllehne, die wir beim Sitzen berühren, oder eine Bezugsperson, die uns die Hand reicht oder uns umarmt. Gerade diese zuletzt genannten Berührungsreize haben einen hohen Stellenwert in der Entwicklung der emotionalen Bindung zwischen dem Kind und seinen Eltern, besonders zwischen dem Kind und seiner Mutter. Erste Gefühlsbindungen werden in der Regel über Berührungsreize geknüpft, sei es, indem wir die Füßchen eines Säuglings beim Windelwechseln küssen und kitzeln, oder beim Stillen. Es entwickelt sich bei dem Kind ein Gefühl der Geborgenheit und Sicherheit, ein Gefühl, das für seine weitere Entwicklung förderlich ist und auf das es sich auch dann noch verlassen kann, wenn es sich von den Bezugspersonen gelöst hat, um das nähere und weitere Umfeld zu entdecken und eigene Erfahrungen zu sammeln. Dass auch für den Erwachsenen Berührungsreize für das allgemeine Wohlbefinden unablässig sind, braucht hier nicht weiter erörtert zu werden. Die Vielzahl von Berührungsreizen, die auf ein Kind einströmen, ist notwendig, damit das Gehirn in geordneten Bahnen funktioniert. Um die Abläufe nicht zu gefährden, ist der Tastsinn in ein schützendes und ein beurteilendes System unterteilt. Kommt es z.B. zu Störungen des beurteilenden Systems, so kann das Anziehen des Pullovers für das Kind zur Qual werden. In einem solchen Fall werden Berührungsreize nicht richtig unterschieden, und es entwickelt sich die Tendenz, diese Erfahrung zu verallgemeinern und Berührungen dann insgesamt ablehnend gegenüberzustehen. Doch gerade die Fähigkeit, Reize zu beurteilen, einzuordnen, wieder zu erkennen und damit bereits gemachte Erfahrungen aufzu-

rufen, ist für das Kind notwendig, um eine genaue Vorstellung vom eigenen Körper zu bekommen. Denn nur das Wissen, dass es eine Hand gibt, reicht nicht aus, um mit ihr Tätigkeiten auszuüben. Hierzu bedarf es des so genannten Körperschemas, also der Fähigkeit, den gesamten Körper zu erspüren, ohne an ihm hinunterschauen zu müssen.

15

Spiele und Übungen

Strandspaziergang

Einzelförderung zum Berührungssinn
Material: Ein Tablett; Sand; Bildkarten zum
Ausschneiden (siehe S. 89/90)
Brummel schlendert in seinem Sommerurlaub gemütlich den langen Sandstrand entlang. Dass seine Tatzen dabei tiefe Spuren im Sand hinterlässt, hatte er schon längst bemerkt, doch plötzlich entdeckt er vor sich seltsame Spuren, die nicht von ihm stammen. Er folgt den Spuren und findet heraus, wer zu der geheimnisvollen Spur gehört. Doch sobald das Geheimnis der ersten Spur gelüftet ist, findet sich schon die nächste wundersame Sandspur.

Bei dieser Einzelförderung übernimmt das Kind die Rolle des kleinen Brummel. Als Sandstrand kann ein großes Holztablett dienen, auf das das Kind zuvor bereits eine zwei bis drei Zentimeter hohe Sandschicht gefüllt hat. Die Übungsleiterin sitzt hinter dem Kind und malt geheimnisvolle Spuren auf seinen Rücken. Das Kind überträgt den Reiz auf seinen Sandstrand und rät, wer diese Spur produziert haben kann. Zur Unterstützung liegen um den Sandstrand herum verschiedene Bildkarten, auf denen die Spuren vorgezeichnet sind. Dies können sein: Hase – Zickzacklinie; Storch – einzelne Punkte; Wellenlinie – Schiff; geschwungene Linie – Flugzeug; gerade Linie – Auto; Viereck – Stampfer usw.

16

Bärenparade

. . . .

Ein Gruppenspiel zum Berührungssinn
Material: »Bärenorden«, auf denen ver-
schiedene Geheimzeichen stehen; Krepp-
bänder

Brummel und seine Freunde wollen
einen Paradezug durch ihr Dorf ver-
anstalten. Alle haben sich hierfür ihre
Bärenmedaillen um den Hals gehängt
und haben sich fein gemacht. Wer aber
soll die Bärenparade anführen? Bevor
es zum Streit kommt, hat Brummel eine
Idee. Ihm ist es gleich, ob er die Parade anführt oder ob dies ein anderer tut,
deshalb stellt er sich für ein Spiel zur
Verfügung.

Für dieses Spiel müssen sich alle Bären
in einer Reihe hintereinander aufstellen, so dass jeder Bär den Rücken des
Vorderbären sieht. Jeder Bär verfügt
über ein geheimes Zeichen, das auch
auf der Rückseite seiner Medaille zu
sehen ist. Zum Beispiel eine Zickzacklinie, ein Kreis usw. Dieses Zeichen
zeichnet Brummel, der ganz hinten

steht, auf den Rücken des Vorderbären.
Dieser gibt das Bild, das er auf seinem
Rücken gespürt hat, an das nächste Kind
weiter, bis es beim ersten Kind in der
Reihe angekommen ist. Ist es dort angekommen, laufen alle auseinander,
denn der Bär, dessen Geheimzeichen
gerade durch die Reihe hindurch gegeben wurde, muss jetzt in einem Fang-
spiel versuchen, viele Punkte zu machen. Diese Punkte kann er sammeln,
indem er möglichst viele Kreppbänder
ergattert. Die Kreppbänder wurden
vorab leicht um die Handgelenke der
Bären gebunden. Doch so leicht soll es
dem Fangbären nicht gemacht werden,
deswegen darf er nur bei Bären, die al-
lein umherlaufen, Bänder abreißen.
Haben sich zwei Bären zu einem Paar
oder drei Bären zu einer Kleingruppe
zusammengeschlossen, dürfen ihre Bänder nicht mehr entwendet werden.
Kann der Fangbär keine Bänder mehr
erhaschen, stellen sich die Bären wieder in einer Reihe auf und Brummel
gibt das nächste Geheimzeichen durch
die Reihe. Wer am Ende die meisten
Bänder hat, darf die Parade anführen.

Der Honigklau

Einzelförderung zum Berührungssinn
Material: Pinsel; lauwarmes Wasser

Brummel hat mal wieder am Bienenstock genascht, doch da er bei seiner Gier so viel gekleckert hat, ist er von Kopf bis Fuß mit Honig beschmiert. Überall da, wo er seine großen Tatzen hinsetzt, hinterlässt er eine klebrige Spur, die die Oberbiene ausfindig machen muss.

Diesmal schlüpft das Kind in zwei Rollen. In die der Biene und in die der Landschaft, durch die Brummel mit klebrigen Tatzen tappt. Der wache Verstand des Kindes ist also die Biene, sein Körper die Landschaft. Es legt sich hierfür auf den Rücken und schließt seine Augen. Die Übungsleiterin nimmt nun einen großen, aber weichen Pinsel zur Hand, der leicht angefeuchtet ist. Mit ihm fährt sie über Arm oder Bein des Kindes, die frei von Kleidung sein sollten, und hinterlässt auf diese Weise Brummels Spur. Hat sie den Pinsel abgesetzt, muss das Kind die Stelle benennen, auf der die klebrige Spur hinterlassen wurde, oder es zeigt auf die besagte Stelle. Danach geht es weiter. Auf Armen und Beinen, aber auch auf Hals, Bauch, Gesicht usw. kann man eine Spur hinterlassen.

Bärenkuschelspiel

Eine Partnerübung zum Berührungssinn

Bei dieser Partnerübung übernimmt ein Kind den aktiven und das andere Kind den passiven Part. Das passive Kind kniet sich auf den Boden, seinen Rücken dem aktiven Kind zugewandt. Das aktive Kind nimmt mit seinen Fingern auf dem Rücken, den Armen und dem Hinterkopf des knienden Kindes Körperzeichnungen nach folgendem Text und folgender Anweisung vor.

Zotteliges Fell, dunkelbraun nicht hell.	*Mit dem Zeigefinger malt es Zickzacklinien auf den Rücken des Kindes.*
Vom Kopf bis zu den Füßen	*Alle zehn Finger krabbeln vom Kopf bis zum Gesäß hinunter.*
große Pranken dich begrüßen.	*Beide Hände werden umfasst und leicht gedrückt.*
Honig nur vom Süßen klebt am Mund und an den Füßen.	*Mit einer Hand werden Streichbewegungen im ständigen Wechsel von Handinnenfläche und Handaußenfläche über Arme und Rücken des passiven Kindes ausgeführt.*
Und als er in der Höhle lag, träumt er vom Honig, den er mag.	*Das passive Kind wird vom aktiven Kind in den Arm genommen.*
Aber etwas stach ihn in den Po,	*Mit beiden Zeigefingern wird das Gesäß mehrfach berührt*
da sprang er auf und das ging so.	*und dem Kind ein leichter Schubs versetzt.*

Der Bärenbaum

Ein Singspiel zur Stimulation des Berührungssinns

Wo-zu braucht der Bär den Baum? Drauf zu ho-cken doch wohl kaum. Sieht er ihn, so freut er sich, an dem Baum, da schrubbt er sich. Schrub-be mir den Rü-cken, oh - ne mich zu bü - cken.

2. Schrubbe mir den Po, das geht einfach so.
3. Schrubbe mir die Nas, das ist klar wie Glas.
4. Schrubbe mir das Haar, das ist sonnenklar.

Die Kindergruppe wird in zwei Gruppen aufgeteilt. Eine Gruppe verteilt sich im Raum und bleibt regungslos stehen. Die Kinder dieser Gruppe stellen die Bärenbäume dar. Die anderen, die Bären, trotten zum Refrain um die Bäume herum und bleiben am Ende des Refrains vor einem Baum stehen. Nun heißt es, sich am Baum zu schrubben. Und zwar mit dem jeweiligen Körperteil, das in der Strophe gerade besungen wird (also Rücken, Po, Nase, Haar). Wurde genug geschrubbt und gekratzt, geht es wieder behäbig durch den Bärenbaumwald. Nachdem das Lied mit allen vier Strophen gesungen wurde, bietet es sich an, es ein zweites Mal zu singen und die Rollen zu tauschen.

Der kleine Brummel bekommt Besuch

● ●

Einzelförderung zum Berührungssinn
Material: Bleistift; Glas oder Becher; Igel-
ball oder Nagelbürste; Watte; Föhn; Teddybär

Der kleine Brummel liegt in seiner Höhle und schläft. In der Zeit, in der Brummel schläft, kommt Besuch für ihn, der jedes Mal unverrichteter Dinge wieder gehen muss, weil Brummel in seiner Höhle bleibt. Erst wenn der Besucher wieder auf dem Heimweg ist, merkt Brummel, dass ihn jemand besuchen wollte, und er rät, wer es gewesen ist.

Die Bärenhöhle stellt der Pullover des Kindes dar, das auf dem Rücken liegt. Ihm wird ein kleiner Teddybär unter den Pullover geschoben. Ein anderes Kind stellt den Besuch dar, der zuerst über die Landstraße (die Beine des Kindes) läuft, dann über das Feld, auf dem Brummels Höhle liegt (über den Bauch und die Brust des Kindes), und über die zweite Landstraße zurück zu seinem Heim. Zu Besuch kommen unter anderem der Storch mit seinen langen dürren Beinen (ein Bleistift), der Igel (entweder ein Igelball oder eine kleine Nagelbürste), die Katze (ein Wattebausch), das Pferd (ein Becher) und der Schmetterling (ein Föhn). Brummel sieht nie, wer ihn besuchen wollte, er spürt nur noch die Erschütterungen, die die Schritte der Tiere verursacht haben, und muss erraten, um welches Tier es sich gehandelt hat. Die Körperteile des Kindes sollten entweder gar nicht oder nur leicht bedeckt sein.

Gleichgewichts-sinn

Wissenswertes zu diesem Sinnesbereich

Der Gleichgewichtssinn ist als einer der drei Basissinne bereits im sechsten Schwangerschaftsmonat ausgereift, unter anderem auch deshalb, weil direkt nach der Geburt veränderte Schwerkrafteinflüsse auf den Säugling einströmen, auf die er vorbereitet sein muss. Bewegungen, die der Fötus im Mutterleib problemlos ausgeführt hat, müssen nun vom Säugling auf der Basis des bereits Erlernten neu strukturiert werden. Diese Herausforderung nimmt das Neugeborene gleich nach der Geburt an. Die Entwicklung beginnt hier mit den ersten Bewegungen von Armen und Beinen und setzt sich fort, wenn es sich später aufrichtet und komplexe Bewegungen ausführt. Bei alledem spielt die Erdanziehungskraft eine große Rolle. Sie stellt einen ständigen Sinnesreiz für den Gleichgewichtssinn dar. Dieser wirkt wiederum unbewusst kontinuierlich auf das zentrale Nervensystem des Menschen ein. Erst durch den Gleichgewichtssinn entwickelt der Mensch ein Empfinden für die Schwerkraft. Dieses Empfinden ermöglicht es dem Kind, sich eines Tages wider die Schwerkraft aufzurichten und dadurch sein Umfeld und somit sein Lernfeld zu erweitern. Der Gleichgewichtssinn trägt somit auch zum Aufbau einer angemessenen Muskelspannung bei, die notwendig ist, um überhaupt eine Aufrichtung des Körpers und einen harmonischen Bewegungsablauf zu ermöglichen. Warum diese Grundspannung der Muskulatur genauso wichtig für die weitere Entwicklung des Kindes ist wie die Basissinne selbst, also der Tastsinn, der Gleichgewichtssinn und die Tiefensensibilität, lässt sich leicht am Beispiel des Säuglings erklären. Schon früh lernt der Säugling, den Kopf anzuheben sowie Kopf und Augen stabil zu halten. Hierfür wird die so genannte Grundspannung der Muskulatur benötigt. Kann der Säugling diese Leistung vollbringen, ist er in der Lage, Gegenstände, die sich im Bereich seines Gesichtsfeldes befinden, zu fixieren und klar zu sehen. Schafft es der Säugling nicht, den Kopf stabil zu halten, wird das Bild, das er sich von dem Gegenstand macht, wackelig und unscharf. Bewegt sich der Gegenstand auch noch vor seinen Augen, kann er ihm nur dann mit den Augen folgen, wenn er den Kopf hoch und ruhig halten kann, ansonsten kann er dem Gegenstand mit den Augen nur sprunghaft folgen. Auch wenn das für den Säugling vordergründig noch nicht so entscheidend ist, wird es sich auf sein späteres schulisches Leben auswirken, weil das Kind Schwierigkeiten haben wird, beim Lesen in der Zeile zu bleiben oder von der Tafel abzuschreiben. Viele Bewegungsabläufe, die das Kind im stabilen Sitz, z.B. auf einem Stuhl am Tisch, ausführen kann, werden im Stand komplizierter. Demnach erhält das Kind über den Gleichgewichtssinn sowohl Informationen über die Ruhelage seines Körpers im Raum als auch Informationen über Intensität und Geschwindigkeit von Richtungs- und Bewegungsänderungen.

Spiele und Übungen

Beerenmahlzeit
. . . .

Einzelförderung zum Gleichgewichtssinn
Material: Physioball; Glas; Perlen; Schnur

Brummel sitzt vor seiner Höhle auf seinem Lieblingsstein und verspürt ein leichtes Hungergefühl. Wie gut, dass doch direkt vor seiner Nase ein Beerenstrauch steht. Er pflückt sich eine Beere nach der anderen, und zwar mal oben vom Strauch, mal unten, mal rechts, mal links, bis der ganze Strauch leer gepflückt ist. Jede Beere lässt er genüsslich auf seiner Zunge zergehen, um sie dann hinunterzuschlucken.

Unser Kind schlüpft wieder in die Rolle von Brummel und sitzt auf einem Physioball, der nur so groß sein sollte, dass das Kind noch mit den Füßen den Boden berührt und der innere Beinwinkel nicht 120° überschreitet. In der Hand hält das Kind eine dünne, lange, rote Schur, die die Zunge des Brummel Bären darstellen soll. Die Übungsleiterin stellt den Beerenstrauch dar, wobei die Beeren, hier Perlen von unterschiedlicher Farbe und Form, in einem Glas liegen, dessen Öff-

nung so gross ist, dass das Kind problemlos hineingreifen kann. Die Übungsleiterin hält das Glas mal rechts, mal links, mal oben und mal unten vor das Gesicht des Kindes, das sich immer mit einer Perle, also einer Beere, bedient und diese auf die Schnur auffädelt, bis alle Beeren vom Strauch gepflückt sind.

Bienenjagd
. . . .

Einzelförderung zum Gleichgewichtssinn
Material: 2- und 10-Pfennigstücke mit Papierflügeln zu Bienen »umfunktioniert«; 2 Magnete, an Handschuhen oder Tonkartontatzen befestigt; Hängematte bzw. Schaukel

Der kleine Brummel liebt süßen Honig über alles, doch leider muss er, um an ihn heranzukommen, immer wieder viele Bienenstiche in Kauf nehmen. Als er eines schönen Sommertags in seiner Hängematte liegt, hat er eine Idee. Er möchte alle Bienen einfangen, damit sie ihn in Zukunft beim Honigklau nicht erwischen können.

Um dies zu erreichen, lockt er die Bienen mit wunderbaren Blumen, die er um seine Hängematte herum anpflanzt.

Das Kind schlüpft in die Rolle von Brummel und legt sich quer über die Hängematte, so dass es vor und zurück schaukeln kann. Bienen lassen sich mithilfe von 10-Pfennigstücken und 2-Pfennigstücken herstellen, indem man sie mit kleinen Papierflügeln versieht. Zum Fangen der Bienen benötigt man zwei kleine Magnete, die man entweder an braunen Handschuhen oder an Tonpapiertatzen, die man selbst herstellt, befestigt. Mit präparierten Händen legt sich das Kind bäuchlings auf die Hängematte. Die Übungsleiterin sitzt vor der Hängematte, so dass das Kind sie sehen kann. In der Rolle der Bienenkönigin schickt sie die Bienen los, indem sie sie einfach auf den Boden vor die Hängematte wirft. Nun muss der Bär, also das Kind, mit seinen großen Tatzen die Bienen fangen, d.h. mit den Magneten vom Boden aufsammeln. Hierbei sollte das Kind mit seiner Hängematte immer im Schwung bleiben. Aus diesem Grund dürfen die

Bienen weder zu nah noch zu weit entfernt sein. Das Spiel lässt sich variieren, indem das Kind mit der rechten Tatze nur die 2-Pfennigstücke und mit der anderen Tatze die 10-Pfennigstücke aufsammeln darf. Wurden alle Bienen gefangen, müssen sie leider wieder in die Freiheit entlassen werden, da sie sonst keinen Honig mehr produzieren können. Und den isst der Brummel Bär doch so gerne.

Der Zippel-Zappel-Zottelbär

Ein Singspiel zur Stimulation des Gleichgewichtssinnes

Während die Kinder den Refrain des Liedes singen, schütteln sie bei jedem »Zippel, Zappel« und bei jedem »Zottelbär« die Arme und den Kopf und springen dabei leicht in die Höhe.
Bei den einzelnen Strophen versuchen die Kinder, die Bewegungen nachzuahmen, die im Text beschrieben werden.

Der Zip-pel, Zap-pel, Zot - tel - bär, der zip-pelt, zap-pelt hin und her,

und zip-pelt, zap-pelt er nicht mehr, dann wär sein Le - ben leer.

1. Auf ei - nem Bein, so soll es sein, so tanzt er oft für sich al - lein.
2. Auf Knie und Hand, durch's gan - ze Land. Ein Bein muss hoch, du hast's er - kannt.
3. Die Knie ge - beugt, Hand vor, ihr Leut, so liebt's der Zot - tel nicht nur heut.

Auf ei - nem Bein, so soll es sein,
Auf Knie und Hand, durch's gan - ze Land,
Die Knie ge - beugt, Hand vor, ihr Leut,

so tanzt er in den Tag hi -nein. Der Zip-pel, Zap-pel, Zip-pel, Zap-pel, Zot - tel -bär.
ein Bein muss hoch, nicht an die Wand.
der Zot - tel sich da - bei nicht scheut.

1. Jedes Kind versucht, sich auf ein Bein zu stellen, und hüpft, sobald vom Tanzen die Rede ist, auf einem Bein um die eigene Achse.

2. Alle Kinder gehen am Boden in den Vierfüßlerstand, indem sie sich mit Händen und Knien abstützen, und strecken dann ein Bein nach hinten hoch. Danach das andere Bein.

3. Alle Kinder gehen in die Kniebeuge und strecken dabei beide Arme und Hände nach vorne.

Nach jeder Strophe machen die Kinder dann wieder die Zappelbewegungen des Zottelbären, wie anfangs beschrieben.

Armer Brummel

· ·

Kleingruppenspiel zur Stimulation des Gleichgewichts
Material: Hüpfball; für jedes Kind 2 Perlen und eine Schnur

Als Brummel eines Morgens in seiner Höhle aufwacht, ist etwas Seltsames passiert. Statt in seiner normalen Behäbigkeit daherzutrotten, schreckt Brummel immer wieder hoch. So, als wenn er eine große Sprungfeder verschluckt hätte oder als wenn er ein Känguru im Bärenfell wäre. Aus Sorge darum geht er zu seiner Mutter, die Rat weiß. Einen Schluckauf, so meint sie, hat er. Doch was Brummel dagegen machen soll, weiß sie auch nicht. Sie rät ihm, seine Verwandten um Hilfe zu fragen.

Der kleine Brummel (ein Kind der Kleingruppe) sitzt auf einem Hüpfball, seine Verwandten (die anderen Kinder) stehen im Kreis um ihn herum. Der Abstand zwischen ihnen und Brummel ist groß genug, um von einem zum anderen mit dem Hüpfball zu hüpfen. Jedes der Kinder hält zwei braune Perlen auf einer kleinen Schnur in der Hand, nur Brummels Schnur ist leer. Nun hüpft Brummel zu seinem ersten Verwandten, zu Onkel Hugo oder Tante Grizzly z.B., und Onkel Hugo oder Tante Grizzly sagt Brummel, was er tun muss, um den Schluckauf loszuwerden. Zum Beispiel: bis fünf auf einem Bein stehen; sich sechsmal um sich selbst drehen; viermal in die Hocke gehen; eine Brücke bilden; rückwärts hüpfen und und und. Brummel erhält für jeden ausgeführten Rat eine Perle. Hat Brummel zwei Perlen auf seiner Schnur, ist er den Schluckauf los. Aus der Reihe der Kinder, die am wenigsten Perlen haben, sucht er eines aus, es darf jetzt Brummel sein. Haben mehrere Kinder die gleiche Anzahl an Perlen, darf Brummel entscheiden, wer von ihnen sein Nachfolger auf dem Hüpfball sein soll.

Mit Brummel auf dem Jahrmarkt

* *

Eine Geschichte vom Gleichgewicht

Es hatten endlich die Sommerferien begonnen. Lisa war aus dem Kindergarten mit vielen anderen Kindern auf einem Abschlussfest entlassen worden. Vorher hatten die Kinder sogar alle einmal im Kindergarten schlafen dürfen. Das hatte Lisa ganz toll gefunden, aber der Kindergarten war nun vorbei und jetzt hieß es Ferien machen, bevor die Schule begann. In den Sommerferien gab es immer eine Woche lang Kirmes in Lisas Stadt, mit Karussellen, Flugzeugen, einer kleinen Achterbahn und einem Riesenrad. Diesmal war sogar ein Karussell für jüngere Kinder dabei, und es drehte sich fast so wild wie das, in das sich nur die Größeren wagen. Da musste Lisa unbedingt hin. Doch zuerst schaute sie sich zusammen mit ihrer Mutter, die sie an der rechten Hand hielt, ihrem Teddy Brummel, der in ihrer linken Hand lag, und ihrem Vater die Kirmes an. Da es recht heiß an diesem Tag war, kaufte ihr Vater ihr zuerst ein großes Eis, über das Lisa wie ein Bär herfiel. Kaum hatte sie das Eis gegessen, schlug den Vieren der Duft von Popcorn entgegen, so dass sie gar nicht anders konnten, als gleich eine

große Tüte Popcorn zu kaufen. Lisa, Mama, Papa und Brummel schauten, hörten und staunten so viel, dass ihnen gar nicht auffiel, wie schnell sie das Popcorn verzehrt hatten. Es war alles so aufregend, dass man einfach etwas zum Knabbern brauchte.

Lisa machte dann eine Fahrt im Kinderkarusell. Das fand sie nicht schlecht, auch wenn sie sich schon etwas alt dafür vorkam. Während sie drei gemütliche Runden im Kinderkarusell drehte, aß sie genüsslich ein Tütchen gebrannter Mandeln, die sie mit dem Popcorn gekauft hatten. Dann ging es hinüber zu den Flugzeugen. Brummel durfte natürlich neben ihr im Flugzeug sitzen. Lisa flog ständig herauf und herunter, am liebsten hätte sie einen Looping geflogen, aber leider sind ja die Flugzeuge fest verankert. Bevor es zu dem heiß ersehnten Karussell ging, bekam Lisa noch einen wunderschön anzusehenden und unheimlich süßen Granatapfel. Während Lisa noch daran knabberte, hatte ihr Vater fünf Lose an der Losbude gekauft. Eigentlich gewinnt Lisas Vater nie etwas, aber diesmal hatte er Glück und zog einen Hauptgewinn. Lisa durfte sich etwas aussuchen. Eine große Plüschgiraffe lachte sie an, die wollte sie haben, die musste es sein. Als der Losbudenbesitzer ihr die Giraffe in den Arm drückte, warf sie Brummel unachtsam nach hinten, denn da stand ja ihr Vater, der konnte den Bären solange halten. Mit ihrer Giraffe unter dem Arm und mit vor Stolz geschwollener Brust lief Lisa zielstrebig auf das Karussell zu. Da sie nicht das einzige Kind war, das in diesem Jahr unbedingt damit fahren wollte, musste sie sich in einer großen Schlange anstellen. Damit ihr die Zeit nicht so lang wurde, wünschte sich Lisa eine Limo. Schließlich war es auch ganz schön heiß auf dem Rummelplatz, auf dem es so gut wie keinen Schatten gab. Mit der Limonadenflasche in der einen und der neuen Giraffe in der anderen Hand wartete Lisa geduldig darauf, an die Reihe zu kommen. Schließlich war es endlich so weit. Lisa bekam ihr Fahrticket und konnte in das Karussell einsteigen. Eigentlich sah dieses Karussell eher aus wie ein großes Tablett, auf dem viele Kaffeetassen standen. Lisa setzte sich mit ihrer Giraffe in eine dieser Tassen. Neben ihr saßen noch ein Junge und ein gleichaltriges Mädchen. Langsam begann das Tablett sich zu drehen. Eigentlich recht harmlos, so dachte Lisa. Als sich aber Sekunden später auch die Tassen zu drehen begannen und das auch noch in die entgegengesetzte Richtung, merkte Lisa, dass dieses Karussell nicht mehr allzu viel mit dem Kinderkarussell zu tun hatte, in dem sie

vorher gesessen hatte. Und plötzlich hob das Tablett auch noch ab, so dass sich alles immer schneller drehte. Lisa wurde es langsam etwas mulmig zumute. Sie wollte sich an ihren Brummel kuscheln, doch in ihrer Hand lag nur die neue Giraffe. Lisa ärgerte sich über sich selbst. An dieser Giraffe konnte man sich gar nicht richtig anschmiegen, sie war ganz hart und steif. Lisa bekam ein schlechtes Gewissen ihrem alten Teddy Brummel gegenüber. Doch nicht nur das. »Hör mal, du mit der Giraffe, du bist so blass, dir ist doch nicht etwa übel, oder?«, hörte sie den Jungen neben sich fragen. Doch Lisa hielt tapfer durch. Mittlerweile war nicht nur ihre Nase aschfahl, auch ihre Hände waren schneeweiß. »Nur weil ich Brummel nicht mitgenommen habe«, so dachte sich Lisa. Die Karussellfahrt schien nicht enden zu wollen. Auch ihre Mutter und ihr Vater hatten bemerkt, dass es Lisa nicht gut ging. Als das Karussell zum Stehen gekommen war, drehte sich alles. Lisa konnte gar nicht mehr geradeaus laufen und stolperte ihrem Vater direkt in die Arme. Der nahm sie hoch und trug sie vom Kirmesplatz fort. »Wo ist Brummel, mir ist so schlecht, nur weil ich Brummel nicht mitgenommen habe, er ist mir jetzt bestimmt böse ...«, murmelte Lisa unablässig vor sich hin. Schnell, aber

sorgsam brachte Lisas Vater sie nach Hause. Lisa legte sich erst einmal in ihr Bett. Die Fenster wurden weit geöffnet, damit frische Luft durch das Zimmer strömen konnte und der Raum etwas abkühlte. Lisas Mutter legte ihr ein feuchtes Tuch auf die Stirn und stellte auch eine Schüssel neben ihr Bett. Für alle Fälle, so Lisas Mutter. Nach einer viertel Stunde bekam Lisa eine Tasse Kamillentee gegen die Übelkeit und nach einer ganzen Stunde ging es ihr schon wieder besser. Die ganze Zeit über hatte sie ihren Brummel fest in den Armen gehalten. Als sie langsam wieder Farbe bekam, setzte sich ihre Mutter zu ihr ans Bett. »Und das alles nur wegen des heftigen Drehens«, sagte sie zu Lisa, aber Lisa verstand gar nicht, was sie damit meinte. Als ihre Mutter das merkte, holte sie zu einer Erklärung aus. »Hinter deinem Ohr, da sitzt ein Organ, das ist nicht für das Hören zuständig, sondern regelt deinen Gleichgewichtssinn. Es sagt dir, ob du stehst, liegst oder ob du dich drehst. Und dieses Gleichgewichtsorgan ist während deiner Karussellfahrt völlig durcheinander geraten. Deshalb war dir so schwindlig. Und dann noch das viele Essen ...« »Mir ist bestimmt nur deswegen schlecht geworden, weil ich Brummel nicht mitgenommen habe, an ihm hätte ich mich richtig festhalten können.« »Lisa, nein, da hast du aber mal unrecht, glaub mir, es lag an deinem Gleichgewichtssinn und den vielen Süßigkeiten.« »Meinst du wirklich?« »Ja, na klar.« »Na gut«, sagte Lisa, aber insgeheim dachte sie ...

Tiefen-sensibilität

Wissenswertes zu diesem Sinnesbereich

Über die Tiefensensibilität, dem dritten Basissinn, nimmt der Mensch die Stellung von Muskeln, Sehnen und Gelenken wahr. Entsprechende Sinneszellen in diesen Regionen nehmen darüber hinaus den verstärkten Druck auf Muskeln, Blutbahnen usw. auf, der z.B. durch eine starke Berührung entsteht. Hier wird schon deutlich, wie schwer die Basissinne voneinander zu trennen sind, schließlich gehört der Berührungsreiz zum Tastsinn. Gleichzeitig zeigt sich auch, wie eng die Sinnessysteme miteinander verknüpft sind. Es zeigt aber auch, wie leicht andere Sinnessysteme beeinträchtigt werden können, wenn ein System nicht optimal funktioniert.

Die Tiefensensibilität liefert dem Menschen all jene Informationen (z.B. darüber, ob Sehnen und Muskeln gespannt oder gelockert sind), die er braucht, um zu wissen, in welcher Position sich die einzelnen Körperteile befinden oder welche Stellung der gesamte Körper im Moment eingenommen hat. Man kann die Tiefensensibilität auch als Eigenwahrnehmung bezeichnen. Wir wissen, auch ohne hinschauen zu müssen, ob wir beim Sitzen auf dem Stuhl ein Bein über das andere gelegt, ob wir unser Gewicht auf eine Seite des Gesäßes verlagert haben oder ob es gleichmäßig verteilt ist, ob wir aufrecht sitzen oder ob wir wie ein Pennäler auf dem Stuhl »herumlümmeln«. Dieses Wissen ist dann von Bedeutung, wenn Bewegungen geplant und ausgeführt werden müssen. Für den Erwachsenen scheint dies wenig verständlich zu sein, da die meisten seiner Bewegungsabläufe automatisiert sind. Ein Säugling, ein Kleinkind und auch schon ein etwas größeres Kind müssen sich viele Bewegungsabläufe erst erobern und aneignen. Sie müssen das Krabbeln, Laufen, Radfahren, Schreiben usw. erst lernen. Für alle diese Fertigkeiten ist es wichtig, dass das Kind ein Körperschema, also das zuvor beschriebene unbewusste Wissen über den eigenen Körper, aufgebaut hat. Dieses Körperschema wird, da es eng mit den Basissinnen verbunden ist, genauso wie diese bereits im

Mutterleib angelegt. Zu dem Höhepunkt der Stimulation kommt es, so die Meinung der Forscher, während der Geburt des Kindes. Kindern, die per Kaiserschnitt das Licht der Welt erblicken, sind diese Reize, die die Gehirnreife unterstützen, versagt. Durch entsprechende Förderung vonseiten der jungen Eltern kann dieses Manko aber größtenteils aufgefangen werden. Die Enge im Mutterleib, die während der Schwangerschaft zunimmt, wirkt sich nicht nur auf die Stimulation der Tiefensensibilität und des Tastsinns aus. Auch die eher chaotischen Bewegungen des Fötus werden in zunehmendem Maße gehemmt, so dass neben dem Aufbau der Basissinne auch die Aufmerksamkeit auf andere Reize gelenkt wird. Die Enge im Mutterleib gibt dem Ungeborenen Auskunft über sich selbst, seine Körpergrenzen, sie gibt ihm Ruhe, sich auf neue Dinge zu konzentrieren, und die Möglichkeit, Erfahrungen zu speichern. All das erklärt auch, warum das Neugeborene nach der Geburt diese Enge, die es nicht als unangenehm erlebt hat, sucht. Und zwar bis ins Kindesalter hinein. Man denke nur daran, wie beliebt das Höhlenbauen, Seifenkistenfahren usw. bei Kindern ist!

Spiele und Übungen

Bärenstark

* *

Einzelförderung oder Wettspiel zur Tiefen-
sensibilität
Material: Eine große stabile Folie und Sei-
fenlauge oder mehrere Rollbretter

Dass Bären überaus stark sind, ist all-
gemein bekannt. Die jungen Bären zeigen es untereinander aber immer wieder gerne, und manchmal versuchen sie
auch, dabei herauszufinden, wer vielleicht die größten Bärenkräfte hat. Sie
messen ihre Kräfte nicht wie manche
Menschen durch Armdrücken oder
Ähnliches, sie stoßen auch nicht wie
die Hirsche mit den Köpfen bzw. den
Geweihen aneinander. Junge Bären ver-
anstalten ein Rutschrennen.

An heißen Tagen kann man diese
Übung durchführen, indem man eine
große Folie auf dem Rasen ausbreitet
und mit Laugenwasser befeuchtet. An
schlechten Tagen dient ein Rollbrett
den Kindern als Unterlage, auf dem sie
dann über den Boden rutschen bzw.
fahren.
Bei der ersten Variante legen sich die
Kinder auf den Rücken, ihre ange-

winkelten Beine haben sie gegen eine
Wand oder einen anderen Gegenstand
gestemmt, so dass sie sich mit aller Bä-
renkraft davon abstoßen können. Auf
das Kommando »Biene mach'nen Ho-
nigkloß, auf die Plätze, gleich geht's los«
drücken sich die kleinen Bären mit den
Beinen von der Wand oder dem festen
Gegenstand ab. Wer am weitesten
rutscht, hat bewiesen, dass er an diesem
Tag die größten Bärenkräfte hatte. Bei
der zweiten Variante legen sich die Kinder auf das Rollbrett und stoßen sich
dann von der Wand ab. Die Bären können sich auch mit dem Gesicht ganz
dicht an die Wand setzen und sich dann
mit den Händen abdrücken.

Der Tripptrapptreppenteddy

* *

Ein Partnerspiel zur Förderung der Tiefen-
sensibilität
Material: Leere Getränkekästen

Teddy, Brummels Braunbärenfreund, ist
eines Tages ganz traurig und hat keine
Lust, mit seinen Bärenfreunden zu spielen. Das finden seine Freunde gar nicht
lustig. Sie löchern Teddy mit allen mög-
lichen Fragen nach dem Wieso, Wes-
halb, Warum. Irgendwann kann Teddy
die vielen Fragen nicht mehr hören und

es platzt aus ihm: »Wegen der Treppe!« Wegen der Treppe, kein Bär wusste, was Teddy damit meinte, denn in Bärenhöhlen gibt es keine Treppen. Und genau das war das Problem, Teddy wünschte sich eine Höhle, in der er Stufen auf- und abgehen konnte. Nun war guter Rat teuer. Brummel und seine Freunde haben die Köpfe zusammengesteckt, um Teddy zu helfen. Da hatte Brummel eine Idee. Sie suchten eckige, große Steine, die man übereinander stapeln konnte. Auf diese Weise kamen drei Höhlentreppenstufen zustande. Teddy freute sich, doch war er so flink auf der dritten Stufe angekommen, dass es keiner so richtig gesehen hatte. Da wurde Teddys Gesicht wieder brummig. Brummel nahm daraufhin die Steine und baute sie vor Teddy wieder auf, nun ging es wieder treppab und Teddy war froh. So verfuhren Teddy, Brummel und die anderen Bärenkinder die ganze Bärenhöhle hindurch, zwischendurch wurde getauscht.

Ein Kind schlüpft in die Rolle von Teddy, ein anderes in die Rolle von Brummel.
Da Steine ein wenig mühselig wären, werden für dieses Spiel leere Getränkekästen verwendet. Brummel stapelt sie so vor Teddy aufeinander, dass dieser immer wieder herauf- und herun-

terlaufen kann. Und zwar durch den ganzen Raum hindurch.

Eisbären-Eisschollenrennen

Ein Spiel zur Stimulation der Tiefensensibilität
Material: Teppichfliesen in einem hellen Farbton; Teppichklebeband und Styroporreste

Als Brummel mal wieder seinen Freund, den Eisbären Hendrik, am Südpol besucht, erlebt er ein seltsames Bärenrennen, das es so nur im ewigen Eis geben kann. Dabei springen alle Eisbärenkinder auf das Kommando »Pinguin in weißer Hos, auf die Plätze, fertig, los« auf eine Eisscholle, die sie sich zuvor ausgesucht haben, und treiben auf ihr das Eismeer hinab, der eine schneller, der andere langsamer. Entscheidend ist hierbei, eine Art Stehtanz auf der Scholle aufzuführen, denn dadurch schießt die Scholle noch schneller durch das kalte Wasser. Der beste Eisschollenflitzer ist, wer als Erster beim nächsten Eisberg angekommen ist.

Jedes Kind erhält bei diesem Spiel ein Teppichstück, quadratisch geschnitten, am schönsten ist natürlich weiß. Um die Eisschollen zu verdeutlichen, kann man auch mit Klebeband Styroporreste aufkleben, die das Eis symbolisieren. Der Untergrund, auf dem das Rennen stattfindet, sollte glatt sein (Fliesenboden, Linoleumboden, Kunststoffboden oder Holzparkett). Alle kleinen Eisbären stellen sich in einer Linie auf ihre »Eisscholle«, am besten die Füße aneinander gesetzt und die Beine durchgedrückt. Nun vollziehen die Kinder stehend eine Drehbewegung (im 45°-Winkel zu einer Seite) um die eigene Achse. Hierbei entsteht ein Vorwärtsdruck auf die Teppichfliese, auf der das Kind steht. Um nun weiter nach vorne zu kommen, muss jedes Eisbärenkind im ständigen Wechsel die Bewegung mal nach rechts, mal nach links machen. Wer als Erster mit seiner »Eisscholle« an einem zuvor festgelegten Endpunkt angekommen ist, hat gewonnen und ist der Eisschollenflitzer des Tages. Man kann dieses Eisschollenrennen auch variieren, indem man z.B. jedem Kind zwei Teppichfliesen gibt. Diesmal stellen sich die Kinder aber nicht mit den Füßen darauf, sondern sie knien sich auf eine Fliese und stützen sich mit den Händen auf der anderen ab. Nun heißt es wieder durch Körperbewegung eine Vorwärtsbewegung zu vollbringen. Dies gelingt, indem die vordere und die hintere »Eisscholle« wechselweise vor- und zurückgeschoben werden.

Brummels Bruchlandung

Eine Partnerübung zur Tiefensensibilität Material: Turnmatte; Weichstoffmatte; Kissenbezug mit Trockenerbsen oder Rosskastanien gefüllt; Stofftuch; Luftballon

Brummel hat die Nase gestrichen voll. Jedes Mal, wenn er sich etwas Honig besorgt hat, kann er so schnell laufen, wie er will, die Bienen holen ihn doch immer ein. Sie sind einfach zu schnell für ihn, obwohl sie viel kleiner sind als er. Kein Wunder, sie können schließlich auch nicht über ein umherliegendes Holzstück stolpern und werden auch nicht langsamer, wenn es durch tiefen Matsch geht oder wenn man durch einen kleinen Bach staksen muss – alles Gründe, warum Brummel nicht sofort vor den Bienen flüchten kann. Da kommt ihm eine rettende Idee: Er müsste einfach fliegen können! In seiner Bärenhöhle begibt er sich deswegen auf die Suche nach Draht, biegt ihn um und stülpt über jeden Draht eine Plastiktüte. Die beiden Bienenbärenflügel auf seinem Rücken nimmt er kräftig Anlauf und stürzt sich in die Lüfte. Oh je – das gibt eine schöne Bruchlandung.

Die Kinder bilden Paare, eins von beiden schlüpft in die Rolle des fliegen-

den Brummel, das andere gibt Brummel Flughilfe. Im Raum wurden zuvor verschiedene Untergründe ausgebreitet: eine Turnmatte, eine Weichstoffmatte, ein mit Trockenerbsen oder Rosskastanien gefüllter Kissenbezug, ein Stofftuch o.Ä. Der kleine Bär Brummel geht nun in die Position des Schubkarrenfahrens mit Partner, das Partnerkind umfasst seine Unterschenkel und läuft mit ihm gemeinsam über den Untergrundparcours; so wird das Fliegen angedeutet. Weil er nicht alle Zeit der Welt zum Fliegen hat, hält sich Brummel nur so lange »in der Luft« (bleibt also nur so lange in der Schubkarrenposition), wie ein zuvor von der Übungsleiterin aufgeblasener Luftballon in der Luft bleibt. Ist der Luftballon gelandet, macht auch Brummel eine sanfte Bruchlandung und versucht sein Glück gleich noch mal. (Bei jüngeren Kindern Hilfestellung leisten!)

Der Tanzbär tanzt nicht mehr

Ein Gruppenspiel zur Stimulation der Tiefensensibilität (Spielanleitung zum Singspiel)

Das Lied ist in drei verschiedene Bereiche unterteilt, in eine langsame Anfangsmelodie (»Der Tanzbär tanzt nicht mehr ... der immer zu ihm spricht«), die als Refrain immer wiederkehrt, in eine schnellere Aktionsmelodie (»Du machst jetzt das ... was er mag«), die ebenfalls immer wiederkehrt, und einen ruhigeren Part, der sich von Strophe zu Strophe ändert.

Während der langsamen Anfangsmelodie laufen alle Kinder wie behäbige Tanzbären durch den Raum, erklingt die schnellere Melodie, müssen sich je zwei Kinder zusammenfinden. Aus diesem Grund wird die Gruppe vorher in zwei Untergruppen aufgeteilt, in die Gruppe der Tanzbären und in die Gruppe der Tanzbärherren. Je zwei Kinder (ein Tanzbär und sein Herr) geben sich nun beide Hände und legen ihre Stirn aneinander. Dann heißt es Druck ausüben. Zuerst schiebt der Herr den Tanzbären nach hinten (nicht ohne Widerstand des Bären), dann drückt der Tanzbär den Herren zurück, so dass beide hin- und zurückgehen. Im dritten Melodieteil führen beide Kinder das aus, was ihnen der Text vorgibt. Noch einmal zusammengefasst:

1. »So soll er tanzen vor«: Hierbei zieht der Herr den Tanzbären an den Händen zu sich und bewegt sich dabei selber zurück, natürlich nicht ohne Widerstand des Bärenkindes; »zieht er dem Herren an dem Ohr, an dem Ohr«: das Bärenkind zieht vorsichtig am Ohr des Herren.

2. »Nach hinten soll er gehn«: Der Herr umfasst von hinten den Bauch des Bären und zieht ihn nach hinten, nicht ohne leichten Widerstand des Bären; »tritt er dem Herren auf die Zehn, auf die Zehn«: das Bärenkind tritt leicht auf die Zehenspitzen des Herren.

3. »Sich bücken wie ein Has«: Der Herr drückt das Bärenkind in die Hocke; »stupst er dem Herren an die Nas, an die Nas«: das Bärenkind revanchiert sich mit einem leichten Stubs gegen die Nase des Herren.

Nach jeder Strophe trotten Bären und Herren durch den Raum. Zum Stirndrücken können sich immer wieder dieselben Paare zusammenfinden, es können sich aber auch zwei neue Kinder zusammentun.

Sehen

Wissenswertes zu diesem Sinnesbereich

Die Wahrnehmung über das Auge gliedert sich in fünf verschiedene Teilbereiche. An erster Stelle steht die so genannte visuomotorische Koordination. Ihre Bedeutung liegt bereits im Wort, »visuo« – mit dem Auge, »motorisch« – bewegen, »Koordination« – ordnen bzw. beiordnen. Es handelt sich also um die Fähigkeit, das Sehen mit den Bewegungen des eigenen Körpers oder auch nur mit Teilbereichen des Körpers in Einklang zu bringen. Das heißt, das Auge kontrolliert die Bewegung des Körpers, dies geschieht umso mehr, wenn die Basissinne des Kindes eingeschränkt sein sollten. Erschwert wird die Koordination zwischen Auge und Körper, wenn ein Gegenstand mit ins Spiel kommt, z.B. ein Stift beim Malen, die Milchkanne beim Einschenken, der Ball beim Spielen usw. Der zweite Teilbereich wird als Figur-Grundwahrnehmung bezeichnet. Gemeint ist die Fähigkeit, übereinander stehende, versteckte und sich überkreuzende Figuren zu erkennen bzw. Fehlendes zu ergänzen. Hierbei muss das Kind in der Lage sein, eine Figur, einen Gegenstand vom Hintergrund abheben zu können, sich nur auf ihn zu konzentrieren und sich vom Beiwerk des Hintergrundes nicht irritieren zu lassen. Oder umgekehrt, den Gegenstand auszublenden, um sich ganz auf den Hintergrund zu konzentrieren. Ein Beispiel ist der verloren gegangene Schlüssel auf Kiesuntergrund. Der dritte Teilbereich der visuellen Wahrnehmung ist die Formkonstanz. Gemeint ist hier die Fähigkeit, sichtbare Charakteristika eines Gegenstandes wie Form, Lage oder Größe ausmachen zu können, gleich welchen Materials er ist oder aus welchem Blickwinkel sich der Gegenstand dem Betrachter anbietet. Eine Uhr, egal ob Wand-, Stand- oder Armbanduhr, ob mit digitaler Leuchtanzeige oder zwei Zeigern, eine Uhr ist eine Uhr und wird immer als solche erkannt. Wie sich die Fähigkeit des Kindes, Formkonstanz mit Figur-Grundwahrnehmung zu verknüpfen, entwickelt, zeigt sich beim Säugling sehr genau. Hält er einen Ball in der Hand, nimmt er ihn sowohl über sein Auge als auch als Berührungsreiz wahr. Fällt der Ball aus seiner Hand, rollt z.B. unter den

Schrank und ist für ihn nur noch teilweise zu erkennen, ist der Ball für das Kind in diesem Moment weg, nicht mehr als Ball zu identifizieren. Mit der Zeit schafft es das Kind, den fehlenden Teil seines Bildes zu ergänzen und den Ball, der für ihn nur teilweise sichtbar ist, als Ball wahrzunehmen. Die Formkonstanz heißt also auch, Formen mit bereits Bekanntem zu vergleichen und zu vervollständigen.

Wenn das Kind den Ball betrachtet, so geschieht dies aus seiner ganz eigenen Perspektive, aus seiner Position. Jeder von uns ist in seiner eigenen Wahrnehmung der Mittelpunkt. Die Reize strömen auf einen Punkt, die Person, ein. Wenn wir in den Raum schauen und Gegenstände sehen, die sich uns bzw. unserem Auge in einer bestimmten Lage im Raum anbieten, ist der vierte Teilbereich angesprochen. Also die Wahrnehmung der Raumlage, das Erkennen von Gegenständen und ihre Position im Raum. Hier geht es dann um das Davor, Dahinter, Darüber, Darunter usw. Die Raumlage kann dem Kind, das gerade lesen und schreiben lernt, den einen oder anderen Stolperstein in den Weg legen. Ist das Kind in der Erkennung der Raumlage nicht so geübt, kann es z.B. Probleme beim Erkennen von Buchstaben wie d und b, w und m, p und q haben. Aber auch die Formkon-

stanz kann dem Kind ein Schnippchen schlagen, wenn z.B. im Unterricht von Druckschrift auf Schreibschrift umgestellt wird oder wenn ein Buchstabe nun in einem Wort, der zuvor nur als Einzelbuchstabe geübt wurde, auftaucht. Hier ist natürlich auch die Fähigkeit der Figur-Grundwahrnehmung gefordert, mit der es einzelne bereits bekannte Wörter im Wust eines Satzes auszumachen in der Lage ist.

Zurück zur Raumlagewahrnehmung. Wenn zu der eigenen Person und dem Gegenstand noch ein dritter Faktor (ein Gegenstand oder eine Person) hinzukommt, stellt sich die Situation wieder anders dar. Denn dieser dritte Faktor steht sowohl zu mir, dem Betrachter, als auch zu dem anderen Gegenstand in Beziehung: Er befindet sich z.B. vor mir, aber rechts von dem anderen Gegenstand. Sobald wir auf diese Weise differenzieren können, sind wir bei der visuellen Wahrnehmung angekommen. Der Fähigkeit, die Raumlage von zwei oder mehreren Objekten in Bezug zu uns selbst und in Bezug zu anderen Dingen zu setzen. Wenn das Schulkind z.B. das an die Tafel Geschriebene in das eigene Heft zu übertragen vermag, ist es in der Lage, Tafel und Schulheft in Beziehung zueinander zu setzen und sich selbst innerhalb dieses Bezugssystems zu verorten.

Spiele und Übungen

Winterschlaf
•••••••••••••••••••••••••••••••••

Ein Kreisspiel für Kleingruppen zum Seh-
sinn (zur Schulung der Figur-Grundwahr-
nehmung)
Material: Sonnenkranz; Traumbeutel; vier
Symbole; Tonpapier, mit Buchbindefolie be-
klebt, in Form von Sonne, Mond, Stern und
Wolke; Haarpinsel

sommerlichen Abendhimmel mit
leuchtenden Sternen und dem Mond
sowie vom frühlingshaften Taghimmel
mit der wärmenden Sonne und kleinen Schafswolken.

In unserem Spiel stellen die Kinder die
Bären dieser Welt dar, sie stehen auf der
Erdkugel und stellen sich hierfür im
Kreis auf, so dass alle in eine Richtung
laufen können. Die Erdkugel und ihre

Alle Bären auf der Welt legen sich in
der kältesten Zeit des Jahres zum Winterschlaf nieder. Sie kuscheln sich in
ihre Höhlen und warten, bis die Früh-
lingssonne sie wieder mit ihren Son-
nenstrahlen kitzelt und leise weckt.
Während des Winterschlafs träumen sie
die verschiedensten Dinge, z.B. von
süßem Honig, leckeren Beeren, vom

Bären wandern um die Sonne, die von
einem Kind dargestellt wird. Es trägt
auf dem Kopf einen Sonnenkranz und
hält in der Hand einen kleinen Traumbeutel, in dem sich kleine Symbole

42

(Stern, Sonne, Wolke und Mond) befinden, deren großes Abbild man auch im Innenkreis liegen sieht. Aus Tonpapier wurden zuvor die vier Symbole zurecht geschnitten und mit Folie beklebt. Sie liegen übereinander in der Mitte des Kreises. Die Erde zieht nun ihre Bahn um die Sonne, wobei die Bären dabei folgendes sagen: »November chrrr«, »Dezember chrrr«, »Januar chrrr«, »Februar chrrr«, »März nah«. Bei »März nah« bleiben die Bären stehen und recken sich. Die Sonne kitzelt den Bären, der direkt vor ihr steht, mit ihrem Sonnenstrahl (einem weichen, gelben Pinsel) und lässt den Bären in den Traumsack greifen. Dort erfährt er, wovon er geträumt hat. Das Symbol nämlich, das er herauszieht, muss er zunächst im Innenkreis suchen und vorsichtig in kleinen Trippelschritten abgehen. Findet er das richtige Symbol, werden die Rollen getauscht und er wird zur Sonne, lässt er sich aber irritieren und geht zu dem falschen Symbol, bleibt er ein kleines Bärenkind.

Brummel – Schummel

Ein Kleingruppenspiel zum Sehsinn (zur Förderung der Raumlagewahrnehmung) Material: 10 Spielkarten (siehe Kopiervorlage S. 43ff.); 2 Bärenbilder als Puzzle (siehe Anhang, S. 101 und 102)

Jedes Kind weiß ganz genau, dass zu Brummels Familie vier Familienmitglieder gehören, doch plötzlich sieht man deren fünf. Ein Bär hat sich in die Familie geschummelt. Nur welcher?

Vier Kinder schlüpfen in die Rolle der Brummelbären, eins in den des Schummelbärs. Um das Spiel durchführen zu können, bilden sich zwei Kleingruppen von fünf Kindern, die sich in zwei Reihen gegenüber aufstellen. Die Spielleiterin zeigt einer Partei eine Spielkarte, auf der z.B. vier Bären zu sehen sind, die die Beine geschlossen haben und den linken Arm hochhalten, der fünfte Bär aber hebt den rechten Arm. Die Partei, der die Spielleiterin nun die Karte zeigt, muss sich wie die Bären auf der Spielkarte aufstellen. Die anderen Kinder müssen jetzt herausfinden, welcher Bär der Schummelbär ist. Sie haben so lange Zeit, das herauszufinden, bis Familie Brummel folgenden Spruch aufgesagt hat (weiter auf S. 47):

Brummel, Lummel, Schummelbär,
ihn zu finden ist nicht schwer.
Von den fünfen ist es einer,
sagt es alle oder keiner!

Ist der Schummelbär gefunden, erhält die ratende Partei ein Stück vom Schummelbärpuzzle. Dann werden die Rollen getauscht, bis die erste Gruppe ihr Schummelbärpuzzle fertig gestellt hat.

Die ver-rückte Bärenfamilie

Ein Kartenspiel für eine Person und mehrere Spieler zum Sehsinn (zur Förderung der Raumlagewahrnehmung)

Eigentlich ist Brummels Familie eine ganz normale Bärenfamilie, doch eines Morgens, als alle aus ihren Betten gestiegen waren und sich für ihr Tagwerk vorbereitet hatten, stand die Welt auf einmal Kopf, mal für Mutter Brunhild, mal für Vater Bert, schon stand Betty Kopf und dann ihr Bruder Benny. Und dann standen sogar zwei von ihnen Kopf, dann auch mal drei und einmal sogar die ganze Familie.

Brummel und seine Familie kannst du auf deinen Spielkarten sehen. Jede Spielkarte hat zwei Seiten, auf denen die Familie zu sehen ist. Lege alle Karten so auf den Tisch, dass alle Bären auf der Erde stehen, d.h. die Seite zu sehen ist, auf der ein Blümchen abgebildet ist. (Oben und unten erkennt man an dem Blümchen bzw. an der Wolke. Das Blümchen steht für die Erde, die Wolke steht für den Himmel.) Nun darfst du eine Karte direkt vor dich auf den Tisch legen. Und zwar mit der Seite nach oben, auf der eine Wolke zu sehen ist. Du siehst nun Familie Brummel, teils auf dem Kopf stehend, teils auf den Füßen. Das gleiche Bild, die gleiche Anordnung der Familie erkennst du auch auf einer der Karten, die mit der Seite nach oben auf dem Tisch liegen, auf der ein Blümchen zu sehen ist. Suche die entsprechende Karte und lege sie auf die Karte vor dir, und zwar so, dass die Seite mit der Wolke nach oben zeigt. Jetzt siehst du die Bärenfamilie wieder in einer neuen Anordnung; suche wiederum das entsprechende Gegenbild und fahre so fort, bis alle Karten auf einem kleinen Stapel vor dir liegen. Das letzte Bild, welches oben auf deinem Stapel zu sehen ist, muss, wenn du alles richtig gemacht hast, identisch mit dem Bild sein, das ganz unten liegt, wenn du den Stapel umdrehst. Welche Karte du am Beginn aussuchst, ist nicht von Bedeutung. Sollten oberste und unterste Karte nicht übereinstimmen, so hast du dich leider an einer Stelle geirrt. Das ist nicht schlimm, fang einfach noch einmal von vorne an.

Brummel zieht um

Ein Kleingruppenspiel zum Sehsinn (zur Förderung der Raumlagewahrnehmung)
Material: Plakate, auf denen Möbelstücke gemalt sind (siehe Kopiervorlage); Honigglas mit Esslöffel; evtl. Steine

Der kleine Brummel Bär ist inzwischen groß geworden und möchte seine eigene Höhle beziehen, weil es in der elterlichen Höhle langsam zu eng wird, besonders, wenn Brummels Bärenfreunde alle zu Besuch kommen. Und genau diese Bärenfreunde helfen Brummel jetzt beim Umzug. Leider wissen sie nie ganz genau, welches Möbelstück Brummel gehört und welches in der elterlichen Höhle stehen bleiben soll. Brummel stellt sich deswegen nach kurzer Zeit vor den Höhleneingang und kontrolliert, welche Möbel-

stücke seine Bärenfreunde hinaustragen. Er bittet sie, die, die nicht ihm gehören, wieder in die elterliche Höhle hineinzutragen.

Ein Kind schlüpft in die Rolle des Brummel Bären und stellt sich in die Mitte des Raumes. Vier Kinder schlüpfen in die Rolle der Bärenfreunde, alle anderen Kinder stellen sich in einem Halbkreis auf und stellen die Höhle dar. Die Spielleiterin gibt jedem der vier Bärenfreunde ein Plakat unter den Arm, auf dem das gleiche Möbelstück abgebil-

det ist. Also z.B. ein Stuhl. Drei Bärenfreunde halten ihn mit der Lehne nach
oben, einer hält ihn mit der Stuhllehne
nach unten. Die Höhle öffnet sich,
und die vier Kinder laufen langsam an
Brummel vorbei, der seinerseits he-

rausfinden muss, welcher Stuhl aus der
Reihe fällt. Um dies zu schaffen, bekommt Brummel nur so lange Zeit, bis
ein Esslöffel Honig ins Honigglas
zurückgeflossen ist. Findet Brummel
heraus, welches Möbelstück aus der

Reihe fällt, darf er weiter darauf achten, wie die Bärenfreunde den Umzug durchführen. Hat er sich aber geirrt, übernimmt er den Part eines Bärenfreundes. Das Kind mit dem auf dem Kopf stehenden Möbelstück darf jetzt Brummel sein. Die vier Bärenfreunde legen ihre Plakate neben Brummel ab und reihen sich am Ende des Halbkreises ein, denn nun übernehmen die ersten vier Kinder aus dem Halbkreis diese Aufgabe. Das Spiel ist beendet, sobald die elterliche Höhle leer geräumt ist. Man kann das Spiel auch variieren, indem das Brummelkind immer, wenn es das »verkehrte« Möbelstück erkannt hat, einen dicken Stein erhält. So kann am Ende, wenn nötig, ein Sieger festgestellt und gemeinsam eine Höhle aus Steinen gebaut werden.

Ein Honigtopf zu viel

Einzelförderung zum Sehsinn (zur Schulung der Visuomotorik)
Material: 3 »Hippgläser« gefüllt mit Sand oder von innen gelb bemalt; 12 Zettel, auf denen je eine Biene abgebildet ist.

Unser kleiner Brummel hat mal wieder Honig beim Bienenvolk des Sonnenhofes stibitzt. Seine Lust auf süßen Honig war wieder einmal größer als sein Verstand, er hielt nämlich bereits in jeder Hand einen großen Topf voll süßen Honigs, während noch ein großer Topf vor seinen Füßen stand. Wie sollte er nun drei Honigtöpfe unbemerkt an den herumschwirrenden Bienen vorbeimanövrieren? Sollte er sich den dritten Topf einfach auf den Kopf stellen, so wie es viele Frauen in afrikanischen Ländern machen? Nein, lieber nicht, denn wenn der Topf vom Kopf herunterfallen sollte, wäre der Honig nicht mehr zu gebrauchen. Also musste er einen Honigtopf mit den Füßen langsam vor sich herschieben.

Die Übungsleiterin verteilt im Raum kleine Zettel, auf denen jeweils eine Biene abgebildet ist. Das Kind, das die Rolle unseres Bären Brummel erhält, bekommt in jede Hand ein Honigglas, eins wird ihm vor die Füße gestellt. Der kleine Brummel hat die Aufgabe, im Slalom langsam die ausgelegten Bienen bis zum Ausgang des Raumes zu umgehen und dabei den dritten Honigtopf mit dem Fuß vor sich herzuschieben. Dies muss jedoch so sorgfältig vonstatten gehen, dass das Glas dabei nicht umfällt, denn dann würde ja der gute Honig verloren gehen. Brummel benutzt hierbei nicht immer denselben Fuß, sondern wechselweise beide Füße. Und zwar wie folgt: Geht er an einer Biene rechts vorbei, nutzt er dazu auch den rechten Fuß, geht er aber links an der Biene vorbei, kommt der linke Fuß dran, bis er an der Ausgangstüre angekommen ist. Sofern er keinen Honig verschüttet hat, hat er seine Aufgabe mit Bravour gemeistert.

Der Bienenangriff

Einzelförderung zum Sehsinn (zur Förderung der Visuomotorik)
Material: Papierbogen; 3 oder 4 Buntstifte

Diesmal hat es der kleine Brummel nicht mehr geschafft und ist von einer mutigen und wütenden Biene beim Honigklau erwischt worden. Die kleine tapfere Biene attackiert den kleinen Bären heftig, indem sie ihm immer wieder in einer Schleife ganz dicht an der Nase vorbeifliegt. Sie will ihm nicht wehtun und ihn auch nicht stechen, sondern sie möchte, dass ihm ganz schwindelig vor Augen wird. Dadurch will sie erreichen, dass er irgendwann den gestohlenen Bienenhonig fallen lässt und benommen nach Hause wankt.

Das Kind übernimmt bei diesem Spiel die Rolle der Biene.

Mit einem Stift soll es die Flugbahn der Biene sichtbar machen. Auf einem großen Papierbogen wird hierfür in die Mitte ein kleiner Bär gemalt. Das Kind malt dann im Rhythmus des nachfolgenden Textes eine liegende Acht auf das Papier, deren Zentrum der kleine Bär ist.

Hab ich dich, du kleiner Bär,
dachtest, Honigklauen wär nicht schwer.
Doch da hast du dich geirrt,
eine freche Biene um dich schwirrt.
Bis dir endlich schwindlig ist,
das ist meine kleine List.

Die Übungsleiterin bietet dem Kind drei oder vier verschiedenfarbige Buntstifte an, mit denen es die liegende Acht malt. Der Text wird währenddessen drei- oder viermal gesprochen, und die liegende Acht schillert später in verschiedenen Farben .

Die Bärenräuberhöhle
....

Ein Kleingruppenspiel zum Sehsinn (zur Förderung der Formerkennung als Grundlage zur Formkonstanz)
Material: großes blickdichtes Laken; Sack; geometrische Klötze oder Alltagsgegenstände

Auch unter den Bären gibt es immer mal wieder ein so genanntes schwarzes Schaf. Dies ist in Brummels Familie Onkel Schummel. Nicht nur, weil er immer wieder bei seinen Erzählungen den Kindern gegenüber das Blaue vom Himmel herunterlügt. Sondern auch, weil er, als er noch jünger war, anderen gern heimlich etwas wegnahm, bis ihm Uroma Brauni gehörig den Kopf wusch. Da Onkel Schummel nur noch Honig für die ganze Familie stibitzen darf, spielt er mit den kleinen Bären immer wieder gern das Spiel von der Bärenräuberhöhle. Und das geht so:

Bis auf ein Kind, das den Bärenräuber darstellt, stehen alle Kinder um ein großes Laken herum. Dieses soll die Räuberhöhle symbolisieren. Während der Bärenräuber im Raum herumläuft und verschiedene Gegenstände des Alltags oder geometrische Klötze in einen Sack räumt, ergreifen die Kinder nacheinander das Laken. Währenddessen sprechen sie folgenden Vers:

Räuberpack, mit dem Sack,
gleich macht die Türe klack, klack, klack.
Macht sie zu, dann kannst du
von draußen gucken wie ne Kuh.

Kurz bevor alle Kinder das Laken ergriffen haben, schlüpft der Bärenräu-

ber in die Bärenhöhle und lässt den
Sack davor liegen. Alle anderen Kinder knien sich nun um das Laken
herum hin und halten es weiterhin mit
beiden Händen fest.

Jetzt reicht die Übungsleiterin dem
Bärenräuber unter dem Laken einen
Gegenstand aus dem Sack, den dieser
erraten muss, indem er ihn genau er-
fühlt. Hat er richtig geraten, bekommt
er den nächsten Gegenstand gereicht.
Wenn er den Gegenstand nicht richtig
ertastet, verkleinern die Kinder seine
Höhle, indem sie kniend ein wenig zu-
sammenrücken. Sollte sich die Höhle
so weit verkleinern, dass es dem Bärenräuber zu eng wird, muss er aus ihr flie-
hen und sich für seinen nächsten Die-
beszug eine neue Höhle suchen …

Brummels Freunde

*Ein Singspiel zum Sehsinn (zur Förderung
der Raumlagewahrnehmung)
Material: 6 Bilder, siehe Kopiervorlage;
Klebeband*

Die Kinder, die an diesem Singspiel teil-
nehmen, bilden einen Kreis und nehmen alle dieselbe Laufrichtung ein. Sie
alle stellen Brummels Bärenfreunde dar.
Das Kind, das in die Rolle Brummels

Ob Grizz-ly o-der Pan-da-bär,

von Brum-mels Freun-den gibt's noch mehr.

Ein Eis-bär, der ist auch da-bei, ein je-der kommt mal

an die Reih. Viel-leicht bist du auch mal da-bei, denn jetzt heißt

es nun blei-be stehn, da-mit du ein-mal kannst hin-sehn,

denn du sollst jetzt zu Brum-mel gehn.

schlüpft, stellt sich auf einen Stuhl in die Mitte des Kreises. Bevor das Spiel beginnt, werden sechs vorbereitete Bilder kreisförmig auf den Boden geklebt. Auf diesen Bildern sind Brummel und ein Haus zu sehen. Mal steht es hinter Brummel, mal vor Brummel, mal rechts, mal links von ihm usw. Die Häuser zeigen die Position an, die die Kinder aus dem Kreis einnehmen müssen, sofern sie auf eins der Bilder geraten. Zur Melodie des Liedes bewegen sich die Kinder auf dem Kreis der Bilder vorwärts, bis das Lied beendet ist. Jedes Kind, das beim Verklingen des Liedes auf einem Bild steht, muss sich nun in die Position zu Brummel begeben, die es auf dem Bodenbild dargestellt sieht, d.h., es muss erkennen, ob das Haus vorn, hinter, unter oder neben Brummel steht und dieselbe Position zu Brummel einnehmen. Das Kind, das auf dem Bild steht, auf dem nur Brummel ohne Haus zu sehen ist, bleibt einfach stehen und darf in der nächsten Runde Brummel darstellen.

Spielzeugtag in der Schule

Eine Geschichte vom Sehen

Mit der Schulzeit beginnt häufig auch eine Zeit, in der man sich langsam von seinem Kuscheltier verabschiedet, zumindest in der Öffentlichkeit. Dies galt auch für Lisa. Hatte sie ihren Bären Brummel doch immer gerne mit in den Kindergarten genommen, so blieb er jetzt, wo Lisa die erste Klasse besuchte, immer auf ihrem Bett sitzen und wartete geduldig, bis sie aus der Schule wieder nach Hause kam. Doch Lisa hatte Glück. Kurz bevor das Wochenende begann und die Schule in ihre verdiente Ruhepause ging, bekamen die Kinder der Klasse 1c, die Lisa besuchte, als Hausarbeit Folgendes auf. Jedes Kind sollte am Montag sein Kuscheltier mit in den Unterricht bringen. Lisa freute sich sehr. Am Samstag und am Sonntag war sie mit nichts anderem beschäftigt, als ihren Bären Brummel so richtig herauszuputzen. Sein Fell wurde gekämmt und gestriegelt, mal bekam er eine Schleife ins Haar, mal um den Hals, und erst am Sonntagmittag war Lisa mit ihrem Bären so richtig zufrieden. Gemeinsam machten sich am Montag schon recht früh Lisa und ihr Bär dann in Richtung Schule auf. Das war ein Tumult in der Klasse 1c. Aus Tüten und Rucksäcken schauten kleine, große und manchmal sogar riesige Stofftiere und Puppen heraus. Alle Kinder waren ganz aufgeregt und redeten durcheinander, bis Frau Stromeyer, ihre Lehrerin, den Klassenraum betrat. Jedes setzte sich auf seinen Platz, die Kinder auf ihren Stuhl, Kuscheltiere und Puppen wurden auf den Tisch gesetzt. Max, Lisas linker Tischnachbar, hatte einen wunderschönen Dachs mitgebracht, er sah fast echt aus. Doch Max' Gesicht war gar nicht so fröhlich wie das der anderen Kinder. Lisa fragte ihn leise, was denn los sei. Max aber reagierte nicht. »Max, mir kannst du es doch ruhig sagen«, flüsterte Lisa so leise, dass kein anderer es hören konnte außer Max. »Wir sind doch Freunde, oder nicht?«, fügte Lisa noch hinzu, als Max weiterhin stur blieb. Bei dem Wort »Freunde« sah man richtig, wie es in Max arbeitete und dann öffnete auch er ganz leise seinen Mund. »Es liegt an den Buchstaben!«,

sagte er kurz und knapp. »An den Buchstaben?«, wiederholte Lisa fragend. »Ja, an den Buchstaben, manchmal weiß ich nicht, wie herum sie richtig sind, am Schlimmsten finde ich es bei dem ›d‹ und dem ›b‹. In Druckschrift sehen sie doch so gleich aus.« »Da hast du Recht«, versuchte Lisa Max zu beruhigen, aber er hatte wirklich Recht, wenn man ein »d« ganz groß auf ein Blatt Papier schrieb und es dann spiegelte, sah man ein »b«. Doch Lisa wollte Max nicht nur beruhigen, sondern sie überlegte sich auch, wie sie ihm helfen konnte. Sie hatte eine Idee. Ob die Idee auch wirklich gut war, musste sich noch herausstellen, aber es war einen Versuch wert. »Hör mal zu«, flüsterte Lisa Max zu, »was hältst du von diesem Spruch: ›Dachs und Bär, die haben's schwer. Sie

helfen dir und mir beim Buchstaben auf dem Papier.‹« »Klingt nicht schlecht, aber wozu ist dieser Spruch?«, fragte Max ganz leise. »Ich erkläre es dir. Also, du hast einen Dachs, der fängt mit einem ›d‹ an. Zeigt der Bauch vom ›d‹ zu dir, so handelt es sich um das ›d‹ vom Dachs und nicht das ›b‹ vom Bär. Handelt es sich dagegen um ein ›b‹, so muss der Bauch vom Buchstaben zu mir herüberzeigen, denn ich habe schließlich einen Bären als Kuscheltier.« Max' Gesicht erhellte sich. »Eigentlich sollte man dir einen neuen Namen geben«, grinste Max. »Lisa Listig.« Bevor Lisa etwas zu diesem ausgefallenen Namen sagen konnte, fügte Max noch hinzu: »Lisa Listig und Max Merker, da er sich immer alles merkt, was Lisa ihm sagt – ein klasse Team.«

Hören

Wissenswertes zu diesem Sinnesbereich

Bereits im Mutterleib ist das Ungeborene allen nur erdenklichen Reizen ausgesetzt, so auch den akustischen Reizen. Im dritten Schwangerschaftsmonat beginnt sich der Hörsinn zu entwickeln; bis er jedoch voll funktionstüchtig ist, bedarf es einiger Zeit (bis zum achten Schwangerschaftsmonat). Neben dem Gleichgewichtssinn hat die werdende Mutter über den akustischen Kanal die meisten Möglichkeiten, ihrem ungeborenen Kind bereits im Mutterleib Geborgenheit, Ruhe und Sicherheit zu vermitteln. Das ungeborene Kind kennt die Stimme der eigenen Mutter und reagiert auch schon im Mutterleib auf sie. Ist die werdende Mutter z.B. aufgebracht und bringt dies durch lautes Schreien zum Ausdruck, so reagiert das Kind im Leib, indem es heftig strampelt. Ein Signal dafür, dass es sich unwohl fühlt. Spricht man ruhig auf das Ungeborene ein, so kehrt seine innere Harmonie zurück. Schon in diesem Stadium wird dem Kind über den Hörsinn klar, ob das gesprochene Wort einen abweisenden, bedrohlichen Klang besitzt oder ob die Worte einen warmen Klang der Zuwendung haben. Hier wird deutlich, dass das Gehör für den Menschen ein außerordentlich wichtiger Sinn ist, weil es die Voraussetzung dafür ist, dass Menschen sprachlich miteinander in Kontakt treten können. Akustische Reize wahrzunehmen, sie mit bereits Gehörtem vergleichen und von anderem unterscheiden zu können gehört zu den Grundlagen der kindlichen Sprachentwicklung. Ein gesunder Säugling verfügt über die Grundfunktionen der Wahrnehmung akustischer Reize. Um ihre weitere Entwicklung zu gewährleisten, bedarf es einer optimalen Verknüpfung mit den anderen Sinnessystemen. Ähnlich wie beim Sehsinn kann man auch beim Hörsinn Unterteilungen vornehmen. Es gibt für dieses System jedoch keine so einheitlich anerkannte Klassifizierung, wie sie Marianne Frostig für das visuelle System entwickelt hat. Dennoch scheint es wichtig, mögliche Unterteilungen aufzuzeigen.

Jeder Mensch sollte klar erkennen können, aus welcher Richtung ein Geräusch kommt, bzw. ausmachen können, wer sich z.B. in einem Raum, in dem sich viele Personen befinden, mit ihm sprachlich in Verbindung setzt. Diese Fähigkeit nennt die Wissenschaft auditives Ortungsvermögen; es wird auch mit dem Begriff der Schalllokalisation belegt. Das auditive Ortungsvermögen versetzt den Menschen nicht nur in die Lage, die Richtung, aus der ein Geräusch kommt, zu erkennen, sondern auch die Entfernung zur Schallquelle einzuschätzen.

Zur Wahrnehmung akustischer Reize gehört auch die auditive Diskriminationsfähigkeit. Hinter dieser Bezeichnung verbirgt sich die Fähigkeit des Menschen, Gehörtes folgendermaßen zu unterscheiden: Ist es laut oder leise, kurz oder lang, hoch oder tief, schnell oder langsam, gleich oder verschieden? Funktioniert diese Unterscheidung nicht, so versteht ein Kind z.B. beim Diktat »Nadel« statt »Nagel«. Dieses Beispiel bezieht sich auf die Unterscheidung von gleich oder verschieden. Vor allem bei den Lauten k-t und g-d kommt es häufig zu solchen Unterscheidungsfehlern. In diesem Fall spricht man auch von phonematischer Differenzierung oder Wahrnehmungstrennschärfe. Zur auditiven Diskrimination gehört auch die Wahrnehmung emotionaler Inhalte. Welchen Charakter eine Aussage hat, kann von der Lautstärke, der Tonhöhe oder auch der Länge des Gesprochenen abhängen. Eine positiv gemeinte Aussage kann bei entsprechender Intonation für den Empfänger daher durchaus eine Beleidigung darstellen. Sprache kann so zu einer perfiden Waffe werden, wenn derjenige, der solche Anspielungen nicht wahrnimmt, der Masse wie ein Clown vorgeführt wird. Akustische Reize können für ein Kind sogar zur Qual werden, wenn seine Figur-Grundwahrnehmung des Hörsinnes nicht ausgereift ist. Diese Kategorie bezieht sich hier auf die Leistung, bedeutsame akustische Informationen aus so genannten Neben- oder Hintergrundgeräuschen herausfiltern zu können. Bedeutsames von Unbedeutsamem unterscheiden zu können, spielt besonders für Schulkinder eine wichtige Rolle, weil es in der Klasse nie so leise ist, wie es sich Lehrer wünschen. Schließlich ist es für jedes Kind unerlässlich, den Ausführungen des Lehrers oder der Lehrerin zu folgen. Wenn hingegen Nebengeräusche wie das Bleistiftklopfen des Nachbarn, das ständige Naseschnäuzen des Vordermanns und der Baulärm von der Straße von einem Kind genauso stark wahrgenommen werden wie das, was Lehrer oder Lehrerin vortragen, so kann sich das Kind auf die Stimme des Lehrers oder der Lehrerin auf Dauer nicht konzentrieren. In diesem Beispiel ist das Kind zwar der Sprache mächtig, es vermag aber irrelevante Nebengeräusche nicht auszublenden. Eingangs war schon davon die Rede, dass das Hören mit der Sprachentwicklung des Kindes in einem engen Zusammenhang steht. Von Bedeutung sind hier noch zwei weitere Kategorien des Hörsinnes. Zum einen die Lautanalyse, womit die Fähigkeit gemeint ist, aus einem Wort einzelne Laute heraushören bzw. ein Wort in seine einzelnen Bestandteile zerlegen zu können. Zum anderen die Lautsynthese, mit der die Fähigkeit bezeichnet wird, aus einzelnen Bestandteilen ein Wort zu bilden.

Bei dem Hörsinn handelt es sich um ein äußerst komplexes System, das sich unmöglich in wenigen Worten umfassend beschreiben lässt. Ich beschränke mich daher auf die wichtigsten Eigenschaften und nenne Ihnen nur noch zwei weitere, die für den Hörsinn von zentraler Bedeutung sind. All jenen, die sich eingehender mit dieser Thematik beschäftigen wollen, sei das Buch *Material zur Diagnose und Therapie auditiver Wahrnehmungsstörungen* von Erwin Breitenbach empfohlen. Kommen wir also zu der auditiven Ordnungsschwelle und der auditiven Wahrnehmungskonstanz. Die Ordnungsschwelle ist nicht mehr als eine Zeiteinheit im Hörbe-

reich. Bei jedem von uns liegt zwischen der Aufnahme von zwei Sinnesreizen eine bestimmte Zeitspanne, damit diese auch wirklich als zwei von einander getrennte Reize aufgenommen werden können. Diese Zeitspanne wird in Millisekunden aufgelöst und verringert sich in den ersten Lebensjahren des Kindes. Bei sprachauffälligen Kindern ist diese Zeitspanne meist um das Zwei- bis Dreifache im Vergleich zu normal entwickelten Kindern verlangsamt. Dann wird verständlich, dass z.B. ein Wort wie »Rasenmähermotor« in seinen Bestandteilen nicht mehr aufgelöst und in der Folge wieder zusammengesetzt werden kann, sondern im Diktat als »Rasenmotor« auftaucht. Leider sind viele Eltern erst bereit, sich mit eventuellen Problemen ihres Kindes auseinander zu setzen, wenn seine Wahrnehmungsstörungen auf diese Weise auffallen. Zuletzt sei noch die Wahrnehmungskonstanz genannt. Für Kinder ist der Hinweis auf einen Reim in der Regel eine Erleichterung beim Erlernen eines Gedichtes. Erkennt ein Kind aber einen speziellen Laut, der ihm an sich bekannt ist, in Verbindung mit anderen Lauten nicht als denselben Laut, so ist die Wahrnehmung von Konstanten gestört. Man spricht in einem solchen Fall von gestörter Wahrnehmungskonstanz.

64

Spiele und Übungen

Brummel auf der Eisscholle

Ein Kleingruppenspiel zum Hörsinn (zur Förderung der Wahrnehmungstrennschärfe) Material: Rollbrett; Springseile (je nach Anzahl der Kinder)

Als Brummel eines Tages seinen Freund Hendrik, den Eisbären, besucht und er beim Herumtollen nicht genug Obacht gibt, landet er auf einer Eisscholle. Rettung steht Gott sei Dank bereit. Viele Eisbären warten schon darauf, Brummel zu helfen und ihn wieder an Land zu ziehen. Allerdings sind sie vor Schreck ganz starr und stehen wie angewurzelt auf dem Eis. Nur ein schöner Reim kann sie von ihrer Starre befreien und Brummel helfen.

Ein Kind stellt Brummel dar. Es legt oder setzt sich hierfür auf ein Rollbrett, das als Eisscholle fungiert. Die Eisbären stehen sich in zwei Reihen gegenüber, allerdings nicht paarweise, sondern versetzt. Jeder Eisbär hält ein Tau in seiner

Hand. Die Spielleiterin gibt Brummel ein Wort vor, z.B. »Haus«. Brummel muss nun ein passendes Wort finden, das sich auf »Haus« reimt, z.B. »Maus«. Hat er ein Reimwort gefunden und deutlich ausgesprochen, wirft ihm das Eisbärenkind, das in seiner direkten Nähe steht, sein Seil zu. Brummel fängt das Seil und lässt sich entweder von dem anderen Kind heranziehen oder zieht sich aus eigener Kraft zu ihm hin. Um das nächste Tau zugeworfen zu bekommen, muss Brummel ein weiteres Reimwort auf »Maus« nennen – z.B. »Klaus«, »raus«, »aus« usw. Findet Brummel kein passendes Reimwort mehr, übernimmt das Kind, das ihm als Nächstes sein Tau zugeworfen hätte, Brummels Rolle auf der Eisscholle.

Bienenattacke

Ein Gruppenspiel zum Hörsinn
Material: Kassettenrekorder oder Tonbandgerät; Holzblocktrommel; Huirohr (ein leeres Elektrorohr aus dem Baumarkt tut's auch); Handrührgerät; roter Schminkstift

Brummel und seine Freunde sind es leid, immer wieder von den Bienen gestochen zu werden, nur weil sie Honig so lieben. Deshalb trainieren sie das Ducken, das Sich-klein-Machen,

damit die Bienen an ihnen vorbeifliegen und sie nicht gestochen werden. Doch manchmal ist es gar nicht so einfach, das Bienensummen zu hören, denn im Wald ist es alles andere als himmlisch ruhig. Da hämmert der Specht, da heult der Wolf und da lärmen die Waldarbeiter mit ihrer Motorsäge. Deswegen heißt es die runden Bärenohren spitzen und sich immer dann ducken, wenn man Bienensummen hört. Sonst wird man nämlich gestochen.

Alle Kinder sind Bären, die ihre runden Bärenohren spitzen müssen, um das Summen der Biene zu hören. Dieses Summen hat die Übungsleiterin zuvor bereits mehrmals mit Hilfe eines Kammes und einem darüber gelegten Pergamentpapier nachgeahmt und auf einen Tonträger aufgenommen. Hierbei ist es hilfreich, wenn Ihr Gerät über ein Zählwerk verfügt und Sie sich die Stellen anhand der ausgewiesenen Laufwerkzahlen merken können. Das Summen sollte nicht mehrfach hintereinander, in gleichen Abständen zu hören sein, sondern unregelmäßig und von kleinen Pausen unterbrochen werden.

Zuerst ist es noch ganz ruhig im Wald und die Kinder müssen sich immer dann ducken, wenn sie ein Bienensummen hören. Machen sie es richtig, werden sie nicht gestochen, hat ein Kind aber nicht richtig hingehört, erhält es einen kleinen roten Punkt im Gesicht, der den Stich einer Biene symbolisiert. Dann wird es im Bärenwald langsam lauter. Die Übungsleiterin schlägt hierfür auf eine Holzblocktrommel. Der Specht ist erwacht, mal schauen, ob die Bärenkinder schon Schwierigkeiten haben, das Summen der Bienen genau zu erkennen. Das Geräusch der Holzblocktrommel darf aber nicht lauter sein als das vom Tonträger. Im Wald wird es zunehmend lauter, denn jetzt hört man nicht nur den Specht klopfen, sondern auch den Wolf heulen. Dieses wird von der Übungsleiterin oder einer anderen Person mit einem Huirohr angedeutet. Wer hört da noch die Bienen summen? Als letzte Geräuschkulisse kommen die Motorsägen der Waldarbeiter hinzu, angedeutet durch ein Handrührgerät, das von der Übungsleiterin angestellt wird.

Sieht die Übungsleiterin, dass ein Kind sich nicht zum richtigen Zeitpunkt geduckt hat oder dass es sich geduckt hat, obwohl keine Biene im Anflug war, hält sie den Tonträger kurz an und verteilt rote Punkte. Mal sehen, wer am Schluss die wenigsten Bienenstiche im Gesicht hat.

Der Silbersilbenkragenbär

Ein Singspiel zum Hörsinn

Ich ich ich ich Sil - ber - sil - ben - kra - gen - bär, ich mag, ich mag, ich

mag die Wor - te ja so sehr. Drum spie - le ich da - mit,

zer - teil sie Schritt für Schritt. Ich klat - sche in die Hand, wer kommt denn

da ge - rannt? Grüß Gott, du klei - ner Has, sollst hüp - fen auf dem Gras.
Grüß Gott, Herr E - le - fant, kommst kräf - tig an - ge - rannt.
Da ist das Kän - gu - ru, hüpfst jetzt auch oh - ne Schuh.

Nun geht es los, nun geht es los.

Der Silbersilbenkragenbär spielt für sein Leben gern mit Worten. Er zerschneidet sie wie eine Torte. Die dadurch entstandenen Tortenstücke nennt man Silben. Am liebsten ist es ihm, wenn er bei seiner Lieblingsbeschäftigung Unterstützung hat. Deswegen kommt wie hier bei dem Lied der Hase zum Silbersilbenkragenbär. Gemeinsam zerschneiden sie ein Wort in Silben und hüpfen bei jeder Silbe wie ein Hase.

Nach der ersten Strophe wirft die Übungsleiterin ein Wort in die Runde, das die Kinder wie der Silbersilbenkragenbär zerschneiden müssen (also

nach Silben trennen). Je nach Alter sollten Sie den Kindern hierbei Hilfestellung geben. Haben die Kinder die richtige Silbentrennung gefunden, hüpfen sie wie ein Hase zu jeder Silbe.

Erst dann folgt die zweite Strophe, bei der den Kindern von der Übungsleiterin wieder ein Wort vorgegeben wird, das sie in die einzelnen Silben aufteilen. Zu den Silben wird dann wie ein Elefant gestampft. Danach wie ein Känguru gehüpft.

Der Bär, der brummt – die Biene summt

....

Ein Singspiel zum Hörsinn (Tonhöhenunterschied)
Material: Leere »Hippgläser«, gefüllt mit Sand oder von innen gelb bemalt; Stofftaschen; Metallophon; Glockenspiel

Die Kinder stapfen nach der Melodie des Liedes durch den Raum. Sie alle sind Bären auf der Jagd nach süßem Honig, doch diesmal müssen sie dazu nicht einen Bienenstock plündern, sondern sie brauchen nur gut hinzuhören und richtig zu reagieren. Nach Beendigung des Liedes bleiben alle Kinder stehen und warten darauf, dass die Spielleiterin auf dem Metallophon oder dem Glockenspiel einen Ton hervorbringt. Ist dieser Ton ein Bärenton, also ein tiefer Ton, setzen sich die Kinder schnell in die Hocke. Ist es ein hoher Bienenton, strecken sie sich in die Höhe. Jedes Kind muss sich hierbei auf sein eigenes Gehör verlassen. Hat ein Kind bzw. haben mehrere Kinder die richtige Bewegung durchgeführt, also die Tonhöhe richtig wahrgenommen, bekommen sie einen Honigtopf. Da es schwer ist, auch dann noch schnell zu

Der Bär, der brummt ganz tief und laut, so man-ches Tier er-schro-cken schaut, die Tat-ze nach der Bie-ne haut. Sie fürch-tet sich doch nicht, vor die-sem Zot-tel - wicht, sie fürch-tet sich doch nicht, ihr Sta-chel ihn sonst sticht.

reagieren, wenn man mehrere Honigtöpfe in der Hand hält, bekommt am
besten jedes Kind eine kleine Stoffta-
sche, die es schultern kann. Das Spiel
kann solange durchgeführt werden, bis
keine Honigtöpfe mehr übrig sind. Das
Kind mit den meisten Honigtöpfen hat
gewonnen. Man kann das Spiel auch variieren, indem die Kinder, die in einem
Spieldurchlauf die Tonhöhe nicht richtig erkannt haben, einen Honigtopf zu-
rückgeben müssen. Wird den Kindern
dieses Kreissingspiel zum ersten Mal
vorgestellt, so sollte die Spielleiterin darauf achten, einen großen Tonhöhenunterschied zu wählen, ruhig eine ganze
Oktave, mit der Zeit kann der Tonhöhenunterschied reduziert werden.

Brummel bekommt endlich einen Namen

Eine Geschichte vom Hören und Sprechen

Jeder von euch hat bestimmt zu seinem
ersten Geburtstag oder vielleicht auch
später ein Stofftier bekommen, z.B. eine
Puppe oder einen Teddybären. Auch
Lisa besaß einen wunderschönen Teddybären, den sie heiß und innig liebte.
Lisas sechster Geburtstag stand kurz
bevor und in ein paar Wochen sollte sie

auch in die Schule kommen. Ganz wohl
war Lisa dabei nicht, weil sie ein paar
Jungen aus dem Kindergarten seit einigen Tagen hänselten. Diese Jungs sollten mit Lisa zur gleichen Zeit einge-
schult werden und das machte Lisa
besonders wütend. Sie zogen sie nicht
etwa auf, weil sie kleiner als die anderen Kinder war oder weil sie dicke
Sommersprossen auf der Nase hatte. Sie
riefen ihr aber immer einen Satz zu,
den sie schon nicht mehr hören konnte: »Lisa, sag mal ›saure Sahne!‹« Das
taten sie nur, weil sie wussten, dass,
wenn sie diesen Satz aussprechen
würde, ihre Zungenspitze zwischen den
Zahnreihen hindurchblitzen würde.
Lisa ignorierte sie einfach und tat so,
als wenn die drei für sie Luft wären. Ihr
Vater hatte ihr mal gesagt, dass sie Leute,
die dumme Sprüche von sich geben,
einfach links liegen lassen sollte. Wer
dumme Sprüche braucht, so hatte er
ihr erklärt, ist selbst nicht viel intelli-
genter. Als einer der drei sie aber auch
noch als »kleine Schlange« bezeichne-
te, war das Maß voll. Lisa drückte dem
Jungen das nasse Spültuch, das sie gerade in der Frühstücksecke in der Hand
hielt, ins Gesicht und drehte sich auf
dem Absatz um. Lisas Opfer brüllte vor
Ekel laut auf, denn das Tuch war pit-
schepatschenass gewesen und das Wasser lief ihm über das ganze Gesicht und

tropfte in sein T-Shirt. Sein Brüllen blieb der Gruppenleiterin natürlich nicht verborgen und sie eilte an den Ort des Geschehens. Alle drei Jungen zeigten auf Lisa, der sie alle Schuld zuschieben wollten. Lisa wurde zur Rede gestellt, da sie aber auf Teufel komm raus kein Wort mehr sagen wollte, bei dem ihre dumme Zunge wieder herausflutschte, blieb sie einfach stumm. Sie hatte Glück, denn ihr Schweigen hätten die anderen auch als Schuldzugeständnis verstehen können. Natürlich erzählte die Erzieherin ihrer Mutter beim Ab-

holen von dem feuchten Vorfall am Frühstückstisch. Zu Hause angekommen, ging Lisa gleich in ihr Kinderzimmer und griff nach ihrem Teddybären, den sie zu ihrem ersten Geburtstag geschenkt bekommen hatte. Sie verkrümelte sich in ihre Tücherhöhle. Auch als der Duft des Mittagessens durch das Haus zog, hatte sie keine Lust, aus ihrem Versteck hervorzukommen. Als sie jedoch hörte, dass sich ihre Kinderzimmertüre bewegte und der Duft von leckerem Apfelpfannkuchen immer stärker wurde,

konnte Lisa es nicht mehr länger aushalten. Sie lugte aus ihrer Höhle hervor und entdeckte direkt vor ihrer Nase zwei dicke Apfelpfannkuchen auf einem kleinen Tablett, daneben stand ein Glas Mineralwasser. »Erst mal stärken«, dachte sich Lisa und nahm den ersten Pfannkuchen in die Hand. Schließlich schaute ihr ja keiner beim Essen zu, also konnte sich auch niemand darüber beschweren, dass sie nicht mit Messer und Gabel aß. Mit den Fingern schmeckten Pfannkuchen ohnehin viel besser. So gestärkt verließ Lisa dann doch ihre Höhle und ging zur Mutter in die Küche, im Arm hielt sie ihren hellbraunen Teddybären. Sie setzte sich auf die Küchenbank und schaute ihrer Mutter stumm zu, die Ellenbogen auf den Küchentisch gestützt, den Kopf in den Händen haltend, als wenn er schwer wie ein Mühlstein wäre. »Na, was hat dir denn heute die Stimme verschlagen?«, fragte ihre Mutter, die noch an der Arbeitsfläche der Küche stand. Lisa brummte etwas für die Mutter Unverständliches in ihre Hände, so dass diese ihr fragend ins Gesicht schaute. »Du, ich glaube, ich muss mir mal wieder meine Ohren waschen, denn ich konnte dich leider gar nicht verstehen«, erwiderte Lisas Mutter auf das Flüstern ihrer Tochter. »Jetzt hab ich es, das warst ja gar nicht du, die da ge-

sprochen hat, das war dein Teddybär, der da so brummelt.« Lisa musste lachen. »Nein«, prustete sie los, »das war ich, die da gerade gesprochen hat, mein Bär kann doch gar nicht sprechen.« »Ach, ich dachte, das wäre Brummel Bär gewesen, denn die Bärensprache spreche ich nicht und kann sie auch nicht verstehen. Dann hast also du so gebrummelt und nicht dein Brummel Bär.« »Brummel?« »Ja, Brummel, das wäre doch ein schöner Name für deinen Teddybär.« »Das stimmt, Mama.« »Gut, dann kannst du mir vielleicht doch erzählen, was heute im Kindergarten los war.« Jetzt war das Eis gebrochen. Lisa stellte sich nicht weiter stumm, sondern sprudelte gleich wie ein Wasserfall los. Nachdem sie ihrer Mutter alles erzählt hatte, wollte sie wissen, wieso ihre Zunge z.B. bei dem Wort »Sahne« aus dem Mund herausschaute. Lisas Mutter hub zu einer Erklärung an. »Erinnerst du dich noch, als deine Ohren so oft entzündet waren?« Als ob Lisa das je vergessen könnte – Mittelohrentzündung, als sie dieses Wort hörte, tat ihr schon alles weh. »Aber das ist doch schon ewig her«, entgegnete sie ihrer Mutter. »Das stimmt, du warst da gerade drei Jahre alt, gerade zu dieser Zeit hast du aber viele neue Buchstaben und Worte gelernt. Leider konntest du sie gar nicht richtig hören und

hast sie deshalb oft lustig ausgesprochen. Und zum Trost hast du oft etwas bekommen, wozu du eigentlich schon viel zu alt warst.« Auch das hatte Lisa nicht vergessen. »Den Schnuller«, rief sie kurz und knapp, aber mit einem breiten Grinsen auf dem Gesicht. »Genau, und deshalb lernte deine Zunge auch nicht, kräftig zu werden, statt dessen drückte sie immer gegen den Schnuller, und das sieht ohne Schnuller im Mund genauso aus wie jetzt bei dir, wenn du ›saure Sahne‹ sagen musst.« »Aber Mama, dann bleibt das ja immer so, oder?« »Nein, keine Bange, ich habe vor einigen Wochen bei einer Frau angerufen, die eine Praxis für Kinder und Erwachsene hat, denen das mit dem Sprechen irgendwie schwer fällt und denen geholfen werden kann.« »Und wann kann ich endlich dahin?« »Bald.« »Ich will aber schnell dahin, bevor mich die Jungs weiter ärgern.« »Lass dich von den Jungen nicht weiter ärgern, so schlimm ist das auch nicht, es ist zumindest nichts, was man nicht wieder in den Griff bekommen kann.« »Wirklich?« »Na klar, und schau mal, jetzt hat per Zufall dein Teddybär nach fast fünf Jahren endlich einen Namen bekommen – Brummel Bär.«

Riechen

Wissenswertes zu diesem Sinnessystem

Einer der wenigen, oft vernachlässigten Sinne ist der Geruchssinn, obwohl gerade ihm genauso viel Bedeutung im emotionalen Empfinden zugesprochen wird wie dem Berührungssinn. Der Geruchssinn steht in engem Kontakt zum limbischen System im Gehirn, das einfache Grobbewegungen steuert und das allen Ereignissen, die vom Organismus aufgenommen werden, eine gefühlsbetonte Färbung gibt. Für jeden einzelnen von uns haben Glück, Zufriedenheit, Liebe und Angst einen eigenen Geruch. Natürlich hat jeder einzelne von uns auch einen eigenen Körpergeruch. Ein Neugeborenes erkennt seine Mutter an ihrem Geruch, er ist irritiert, wenn sie ein starkes Parfum auflegt, und kann dann Schwierigkeiten haben, beim Stillen die mütterliche Brust zu finden.

Obwohl unser Geruchssinn uns bei vielen Entscheidungen Hilfestellung dabei gibt, ob etwas genießbar, gefährlich oder angenehm ist, ist gerade dieser Sinn bei uns zivilisierten Menschen im Begriff zu verkümmern. Von welcher Bedeutung der Geruchssinn ist, merken wir jedoch, sobald uns eine Erkältung heimsucht. Ist der Geruchssinn eingeschränkt, gerät auch der Geschmackssinn ins Wanken.

Gerüche können uns beruhigen, sie können uns aber auch in Fahrt bringen, sie können uns ablenken, aber auch unsere Konzentrationsfähigkeit erhöhen. Dieses Wissen findet in der Aromatherapie seine Anwendung.

Spiele und Übungen

Bärchenbande

. . . .

Ein Gruppenspiel zum Geruchssinn
Material: Erkennungsschilder für die Bären-
banden (siehe Kopiervorlage); 1 Zwiebel-
hälfte; verharzte Baumrinde; Parfüm; Teer-
creme oder Teershampoo; parfümierte Seife

Brummel und seine Bärenfreunde wollen den anderen Bären gegenüber zeigen, dass sie die dicksten Freunde überhaupt sind. Deswegen wollen sie eine Bärenbande gründen. Doch eine Bande braucht auch einen Namen und ein geheimes Erkennungszeichen, das nur Eingeweihte entziffern können. Da Bären eine gute Nase haben, liegt nichts näher, als ein Geruchszeichen zu vereinbaren. Nun sind aber Brummel und seine Freunde nicht die Ersten, die eine Bärenbande gründen wollen. Wie man hört, gibt es schon einige Bärenbanden. Bären, die nichts Böses im Sinn haben, sondern allen anderen sagen wollen, dass sie allerbeste Freunde sind. Da gibt es die Zwiebelzottels, die Teerteddys, die Parfümpandas, die Seifenseebären und die Baumharzbären. Kein Bär weiß, wer zu welcher Bärenbande gehört. Und da Brummel und seine Freunde ihrer eigenen Bärenbande einen Namen und einen Erkennungsduft zulegen wollen, liegt nichts näher, als herauszufinden, wer alles zu welcher Bärenbande gehört. Hierfür malt Brummel mit seinen Freunden Erkennungsschilder, die sie in einiger Entfernung voneinander auf den Boden legen. Danach werden die Tatzen aller Bären beschnüffelt, weil hier jedes Erkennungszeichen zu finden ist. Brummel und seine Mitstreiter schnüffeln, vergleichen und schicken dann die Bären zu den entsprechenden Erkennungsschildern. Sie verraten nicht, zu welcher Bärenban-

Hände mit Duftseife, die Teerteddys cremen ihre Hände mit Teercreme (Drogeriemarkt) ein, die Parfümpandas tröpfeln etwas Parfüm auf die Hände, die Zwiebelzottels reiben sich mit einer Zwiebelhälfte über den Handrücken und die Baumharzbären tun dies mit einem Stück verharzter Baumrinde (im Wald suchen). Nach dieser Vorbereitung dürfen Brummel und seine Freunde mit dem Tatzenschnüffeln beginnen. Hoffentlich finden sie heraus, wer zu welcher Bärenbande gehört. Zum Schluss muss noch ein Name für Brummels Bärenbande gefunden werden.

de sie gehören, dies tun sie erst, wenn alle fremden Bären einer Bärenbande zugeordnet sind.

Eine kleine Gruppe von Kindern (drei Kinder) stellen Brummel und seine Freunde dar. Sie bleiben im Raum und verteilen schon einmal die Erkennungsschilder, die die Übungsleiterin vorbereitet hat. Alle anderen Kinder gehen mit der Übungsleiterin hinaus und erhalten ihren Bandenduft auf die Hand. Die Seifenseebären waschen ihre

Der Tanzbär Woizek

Eine Geschichte, die man riechen kann
Material: Düfte aus der Natur (s.u.)
oder Duftöle; »Hippgläser«; Karten

Bei dieser Geschichte zum Vorlesen spielen verschiedene Düfte eine Rolle. Sie sollen erkannt und mit dem, wovon die Geschichte erzählt, in Beziehung gesetzt werden.
Zu diesem Zweck finden sich im laufenden Text Ziffern, die von den Kindern folgendermaßen zu entschlüsseln sind:
1 = Fichtennadelduft; 2 = Moosduft; 3 = Holzgeruch; 4 = Zwiebelduft; 5 = Seifenduft; 6 = Zitronenduft; 7 = Honigduft; 8 = Erdgeruch.

Diese Düfte sollten Sie zuvor in kleinen Behältern (z.B. in »Hippgläsern«) konservieren. Geeignet sind Düfte aus der Natur, man kann natürlich auch auf Duftöle aus dem Handel zurückgreifen. Die Geschichte wird in einer kleinen Gruppe von ca. sechs Kindern erzählt. Kurz bevor von einem Duft die Rede ist, legen Sie stumm eine Karte in die Mitte, auf der eine Ziffer steht. Die Kinder greifen daraufhin nach dem Glas, auf dem dieselbe Nummer steht, sie dürfen es öffnen und daran schnuppern. Um Gläser zu sparen, können Paare gebildet werden. Der Erzähler liest die entsprechenden Stellen besonders langsam vor und nimmt die Karte wieder an sich, sobald die Kinder an den Gläsern gerochen haben.

Alle Menschen lachen und sind fröhlich, wenn sie in den Straßen Südostasiens Tanzbären hüpfen und springen sehen, und sie werfen ein Geldstück oder auch zwei in den Blechtrog, der im Staub auf der Straße steht. Doch dieses Geld ist nicht für den Tanzbären gedacht, auch wenn er die Menschen erfreut hat, nein, dieses Geld stecken sich die Besitzer der Bären ein. Den Bären bleiben nur ein mageres Essen und ein wenig Wasser zum Trinken. Dafür werden sie von ihren Herren umso mehr gepiesackt und geärgert. Schließlich tanzen die Bären nicht zu ihrem eigenen Vergnügen, nein, ihre Herren zwingen sie dazu. Sie ziehen sie hierfür immer an den Ringen, die sie ihnen durch die Nase gestochen haben. Und das, wo sie gerade dort sehr empfindlich sind. Auch Woizek, ein kleiner schwarzer Bär mit weißer Halskrause, mochte dieses Gezerre an der Nase nicht. Er musste dann immer das tun, was sein Herr von ihm wollte. Woizek war als einziger Junge von fünf kleinen Bärenkindern ganz in der Nähe der staubigen Straße in einem Fichtenwald geboren worden. Er liebte es, mit seinen Schwestern um die Fichten (1) herum Fangen zu spielen. Als sie noch klein genug waren, konnten sie sich auch noch hinter den Bäumen verstecken. Im Sommer spendeten die hohen Fichten herrlichen Schatten, oft legten sich die Bärengeschwister auf die Moospolster (2) unter den Bäumen und dösten vor sich hin. Eines Tages hatte Woizek seine Nase so richtig tief in das Moos vergraben, und er hatte die Arme über die runden Bärenohren verschränkt, als plötzlich ein großes Netz über ihn niederging. Bevor er überhaupt verstehen konnte, was geschah, war er auch schon in einer großen Holzkiste verstaut (3). Es rumpelte in der dunklen Kiste, und Woizek stieß immer wieder gegen das feuchte Holz. Erst als es draußen dunkel geworden war, öffnete sich die Holzkiste und er fand sich in einem kleinen hageren Gehege wieder. Schnell lernte er seinen Herren kennen, ein gemeiner und fieser Kerl. Woizek begriff bald, was er als Tanzbär zu tun hatte. Er gab sich viel Mühe, weil die Zuschauer dann spendabel waren und er zur Abwechslung auch mal etwas Ordentliches zu essen bekam. Meistens musste er sich mit einer Flüssigpampe aus Wasser, Brotresten und Zwiebeln begnügen (4). Und die roch genau so schlecht, wie sie schmeckte. Eines Tages begab sich Woizek mit seinem Herren auf eine Reise. Sie bestiegen einen Zug und setzten sich neben eine Dame, die einen kleinen Schirm in der Hand hielt und die wunderbar frisch duftete (5). Woizek sah im Gang einen kleinen schwarz-weiß geflecktes Hund, der vor seinem Herren herlief, nicht auf allen Vieren, wie andere Hunde es tun. Dieser Hund lief auf seinen Vorderbeinen und streckte die Hinterpfoten hoch in die Luft. Woizek wunderte sich, es gab offensichtlich auch Tanzhunde. Er freundete sich mit dem kleinen Fips an und erfuhr schnell, dass es Fips nicht viel besser erging als ihm. Beide traf das gleiche Leid, und sie meinten, wenn schon gleiches Leid, so könnten sie es ruhig auch teilen. Bei dieser Gelegenheit erfuhr Woizek auch von Fips, dass er schon immer hatte ausreißen wollen, es sich aber nie zugetraut hätte. Bei dem Wort »ausreißen« wurden Woizek und Fips ganz still. In demselben Augenblick verdunkelte sich das Zugabteil, der Zug war in einen Tunnel gefahren, der nicht zu enden schien. Woizek und Fips konnten ihre Herren nicht sehen, diese wiederum auch sie nicht. Ohne sich noch einmal abzusprechen, tasteten sie sich an der Wand des Zugabteils entlang, bis sie den Griff der Türe in ihrer Tatze bzw. Pfote hielten. Sie öffneten die Tür einen kleinen Spalt, und als der Tunnel zu Ende war, rissen sie sie auf und sprangen hinaus. Beide purzelten eine Böschung hinunter und blieben unter kleinen, dunkelgrünen Bäumen liegen (6). Diese Bäume hingen voller

gelber Früchte. Die Sonne schien heiß, doch die kleinen Bäume gaben reichlich Schatten. Woizek und Fips blieben erst einmal liegen und genossen den Blick durch das kräftige Grün der Blätter, das leuchtende Gelb der Früchte und die kleinen weißen Wolken am blauen Himmel. Endlich waren sie frei. Irgendwann begann jedoch ihr Magen zu knurren. Sie überlegten, was zu tun sei. Sie konnten sich einfach etwas zu essen stehlen, aber zu Dieben wollten sie dann doch nicht werden. So liefen sie zur nächsten Stadt und suchten den Marktplatz auf. Sie hatten Glück, denn es war gerade Wochenmarkt. Neben einem Brotstand lag ein alter, zerzauster Weidenkorb, den niemand mehr zu brauchen schien. Den schnappte sich Fips, nahm ihn zwischen die Zähne und stolzierte auf den Vorderpfoten durch die Menschenmasse. Unterdessen begann Woizek laut eine kleine einfache Melodie zu brummen. Da schauten sich die Leute nach Woizek um und sahen ihn tanzen. Weil ihnen die Vorstellung der beiden so gut gefiel, legten einige von ihnen etwas zu essen in Fips' Weidenkorb.

Nach vollbrachter Arbeit zogen sich Woizek und Fips wieder zurück in die kleine Obstplantage und begutachteten ihren Lohn. Der war reichlich und reichte mindestens für drei Tage. Für

Woizek fand sich auch etwas Honig als Nachspeise darin (7). Sobald sie ihren Vorrat verzehrt hatten, gingen sie in das Nachbardorf, wo sie mit ebensolchem Erfolg ihre kleinen Kunststücke vorführten. Zu essen hatten sie nun immer genug. In ihrer auftrittsfreien Zeit fanden sie einen kleinen, alten und etwas zerfallenen Schuppen. Er roch etwas modrig (8) und war auch schmutzig, doch die beiden Freunde hatten genug Zeit, um alles zu ordnen und sich gemütlich darin einzurichten. So verging eine lange Zeit, eine Zeit, die beide brauchten, um ihre Herren und deren gemeines Tun zu vergessen. Und irgendwann mussten beide an die Zeit denken, als sie noch jung und frei waren und bei ihrer Familie lebten. Da drängte es beide fort, zurück in ihre Heimat. Bevor sie sich trennten, gaben sie in beiden Dörfern noch eine kleine Tanzvorstellung, teilten den Lohn und verabschiedeten sich voneinander. Bevor sich ihre Wege jedoch endgültig trennten, gab jeder dem anderen noch ein Erinnerungsstück von sich mit. Woizek gab Fips seinen Nasenring, worauf Fips ihm sein rotes Halsband reichte. Sie drückten sich noch einmal ganz fest. Dann ging jeder seiner Wege, ohne sich noch einmal umzuschauen, denn sonst wären ihre Herzen in der Mitte zersprungen.

Brummels Brautschau

Ein Kleingruppenspiel zur Förderung des Geruchssinns
Material: Halstücher; ätherische Öle

Auch unser Brummel wird langsam älter und wünscht sich eine Bärenfreundin. Wenn sich zwei so richtig gerne haben, dann sagt man auch, dass sie sich gut riechen können. Wenn das stimmt, würde das ja auch bedeuten, dass sie beide die gleichen Düfte lieben, ja sogar vielleicht gleich riechen? Brummel will das ganz genau wissen. Vielleicht findet er auf diese Weise auch leichter eine Bärenfreundin – wenn immer ein Bärenjunge so ähnlich wie ein Bärenmädchen duftete.

Wird dieses Spiel in der Kleingruppe durchgeführt, muss sie immer aus einer geraden Anzahl von Kindern bestehen. Am schönsten ist es, wenn sie zur Hälfte aus Jungen und zur anderen Hälfte aus Mädchen besteht. Alle Kinder bekommen ein Halstuch umgebunden, außer Brummel. Immer zwei Kinder bekommen auf ihr Halstuch denselben Duft, nur ein Kind bekommt einen Duft für sich alleine. Brummel erfährt natürlich nicht, wer welche Düfte an sich hat, weil er für einen kurzen Augenblick vor die Türe geht. Nun kann

Brummel schnuppern und so seine Bärenfreundin ausfindig machen. Er muss hierzu nur die richtigen Bärenkinder zu Paaren zusammenstellen. Macht er es richtig, bleibt ein Kind übrig, das nun seine Bärenfreundin wird.

Achtung! Nur wer seiner Nase genügend Zeit lässt, findet immer die richtigen Paare. Wenn Brummel seine Bärennase zur Genüge geschult hat, wird er die Aufgabe sicherlich bewältigen, auch wenn es diesmal schwieriger ist. Schließlich weiß er nicht, welche Gerüche im Spiel sind, und er hat auch kein Bild vor Augen, das ihm die Sache erleichtern würde.

Der unterbrochene Winterschlaf

Als Einzelförderung oder Kleingruppenspiel zur Stimulation des Geruchssinns
Material: DIN-A3-Papier; Duftöle; Wasserfarben

Bären halten bekanntlich über mehrere Monate einen Winterschlaf. Sie verkriechen sich in die hinterste Ecke ihrer Bärenhöhle, dorthin, wo es auch am Tage ganz dunkel ist, und kuscheln sich aneinander. Manchmal verschließen sie auch ihre Höhle, so wie Brunhild, Bert, Betty, Benny und Brummel. Nur ein kleiner Spalt, so groß wie eine Faust, bleibt offen, um immer genug frische Luft in die Höhle zu lassen. Sie legen sich auf ihre großen Moospolster ganz dicht aneinander und schlafen langsam ein.

In diesem Jahr war alles anders. Zwar schlief unser Brummel gut und schnell ein, doch wurde er nach einem Zehntagesschlaf wieder wach. Alle anderen Familienmitglieder um ihn herum schliefen tief und fest. Brummel blieb auf seinem Moospolster mucksmäuschenstill liegen. Von der Außenwelt konnte man so gut wie nichts hören, doch immer öfter zogen leichte Düfte an Brummels Nase vorbei. Er überlegte immer wieder, um welche Gerüche es sich handelte, da er aber nicht hinausgehen wollte, wusste er nicht, ob seine Nase Recht hatte. Er fragte sich auch, ob ihm ein Geruch gefiel und was er mit ihm verband. Um dies herauszufinden, nahm er seine Naturfarbengläser und malte einfach drauf los. Kleckse, Striche und Bögen. Es war Brummel egal, wie er malte, es kam ihm darauf an, zu zeigen, ob ein Geruch ihn erfrischt hatte, müde machte, Angst bereitete oder beflügelte.

Jedes Kind schlüpft in die Rolle von Brummel. Alle haben einen großen

Wasserfarbkasten, ein DIN-A3-Blatt und mehrere Duftölfläschchen vor sich. Kein Kind sollte durch andere abgelenkt werden, manchmal ist es sogar angebracht, den Kindern einen Kopfhörer aufzusetzen, damit sie auch nicht von Geräuschen abgelenkt werden und sich ganz auf ihre Empfindungen einlassen können, die die Düfte bei ihnen wecken. Bei der Bearbeitung eines Bildes sollten die Kinder mehrere Düfte erproben.

Brummels Schmusekissen

Ein Kleingruppenspiel zur Stimulation des Geruchssinns
Material: Für jedes Kind ein identisches Kissen, gefüllt mit Füllwatte und verschiedenen Kräutern, Blüten und Gewürzen (z.B. Pfefferminzblätter, Lavendelblüten, Nelken usw.); Aufkleber (verschiedenfarbig); ruhige Musik

Genauso, wie viele von euch früher einmal ein Schmusekissen oder ein Schmusetier hatten, um abends beruhigt einschlafen zu können, hat auch Brummel ein Schmusekissen. Er erkennt es unter tausend anderen Kissen, auch wenn sie alle gleich aussehen, denn nur sein Schmusekissen hat genau den

Geruch, der ihn beruhigen kann. Auf andere Bären würde der Schmusekissenduft gar nicht wirken. Als sich Brummel kürzlich abends in sein Moospolster einkuscheln wollte, stimmte etwas nicht. Er hatte zwar sein Schmusekissen im Arm, irgendetwas aber war faul. Nicht das Kissen roch faul oder übel, nein, das Kissen roch sehr angenehm nach Lavendel. Brummels Schmusekissen hatte aber noch nie nach Lavendel gerochen. Betty, Brummels große Schwester, hatte ihm einen Streich gespielt und bei ihren Freundinnen ein Dutzend Kissen ausgeliehen, die alle Brummels Schmusekissen glichen. Sie hatte Brummels Schmusekissen entwendet, zu dem

falschen Dutzend gelegt und ihm ein falsches untergejubelt. Nun musste Brummel sein eigenes Kissen wieder erschnüffeln, um die Nacht ruhig schlafen zu können.

Alle Kinder schlüpfen in die Rolle von Brummel. Jeder sucht sich aus einem Stapel Duftkissen eins aus, läuft damit zu einer ruhigen Musik durch den Raum und riecht ein wenig daran. Dann bilden alle Bärenkinder einen Kreis, drehen sich mit dem Rücken zur Mitte und werfen ihr Schmusekissen über die Schulter in die Mitte.

Die Übungsleiterin legt die Kissen ein wenig zusammen. Damit sie eine gewisse Kontrolle hat, dass auch wirklich jedes Kind später sein Schmusekissen zurückbekommt, sollte sie die Kinder der Reihe nach ihr Kissen werfen lassen und die einzelnen Kissen mit Etiketten versehen. Alle Kinder erschnüffeln dann ihr Kissen. Wer als Erster seins gefunden hat, kann beruhigt schlafen.

Schmecken

Wissenswertes zu diesem Sinnesbereich

Obwohl der Mensch nur vier Geschmacksqualitäten voneinander unterscheiden kann, und zwar süß, salzig, sauer und bitter, schmeckt auch die ungeübte Zunge, ob unter einen Apfelkuchen Zimt gegeben worden ist oder nicht. Das Zusammenspiel von Sinnesleistungen macht es möglich. In diesem Fall unter Zuhilfenahme des Geruchssinnes. Wer hat nicht schon einmal erlebt, dass einem während einer Erkältung nichts richtig schmeckt bzw. alles gleich schmeckt und erst mit einer freien Nase auch der Geschmack wiederkehrt? Auf unserer Zunge lassen sich die vier bereits genannten Geschmacksqualitäten lokalisieren. Den Geschmack des Süßen registrieren wir mit der Zungenspitze, den des Sauren auf den Zungenrändern. Für den Geschmack des Salzigen ist der mittlere Bereich der Zunge zuständig, bitter hingegen nehmen wir im Bereich der Zungenbasis wahr. Sind die Speisen, die wir zu uns nehmen, sehr kalt oder sehr heiß, sind die Geschmacksempfindungen entsprechend herabgesetzt. Der Geschmackssinn, vielfach auch in Verbindung mit dem Geruchssinn, schützt uns vor verdorbener oder giftiger Nahrung. Mit dem Geschmackssinn können wir die Qualität der Nahrung überprüfen und gegebenenfalls noch reagieren, wenn wir schadhafte Nahrung in den Mund genommen haben. Schlechter Geschmack löst nämlich in der Regel den Würgereflex aus.

In diesem Zusammenhang sei an das Verhalten von Säuglingen erinnert. Alles, was ein Säugling ergreift, nimmt er in den Mund. Dies hängt damit zusammen, dass gerade der Tastsinn im Mundbereich sehr empfindlich und aufnahmebereit ist. Die Informationen über die Oberflächenbeschaffenheit oder die Dichte eines Gegenstandes, die das Kind über den Tastsinn erhält, sind vielfältiger und von größerer Dauer, als wenn es sie über den Sehsinn aufnimmt. Dies bezieht sich natürlich auch auf die Nahrung, die das Kind aufnimmt. Daher sollte man die Erfahrung, dass der Sandkuchen, den die große Schwester im Sandkasten »gebacken« hat, zwar »gegessen« werden kann, aber nicht besonders schmeckt, einem Kleinkind durchaus zugestehen.

84

Spiele und Übungen

Ich armer Bär
....

Eine Spielanleitung zum Lied

Alle Kinder stellen sich im Kreis auf, ein Kind darf die Rolle des armen Bären übernehmen. Der arme Bär trot- tet im Kreis zur Melodie des Liedes herum und bleibt bei dessen Ende ste- hen. Er ruft laut: »Liegt es an meiner Zunge?« und streckt diese dabei weit heraus. Die Kinder im Kreis antwor- ten mit einem kräftigen: »Nein, nicht die Zunge!« und strecken ebenfalls ihre Zunge weit heraus. Der arme Bär trot- tet weiter zum Gesang der Kinder im Kreis herum. Bei »nun sagt mir, was ist los?« bleibt der arme Bär wieder in

Ich ar - mer Bär. Ich weiß nicht mehr. Seit Ta - gen schme - cke ich nichts mehr.

Auch vom Sü - ßen, will's nicht grü - ßen. Auch nicht bei Pap's salz - gen Küs - sen.

Nicht sau - er und kein Bit - ter - mund. Nun frag ich euch, ist das ge - sund?

Was ma - che ich jetzt bloß, ich ar - mer Tropf hier

groß? Was ma - che ich jetzt bloß, nun sagt mir, was ist los?

der Mitte stehen und ruft: »Liegt es an meinen Zähnen?« und fletscht dabei die Zähne. Als Antwort erhält er wieder: »Nein, nicht die Zähne!« und die Kinder fletschen ebenfalls die Zähne. Nach dem dritten Mal fragt der arme Bär, ob es am Mund liegt, und reißt den Mund dabei weit auf. Doch auch der ist es nicht. Beim vierten Mal fragt er, ob es an seiner Spucke liege, wobei er im Mund Speichel sammelt und hin und her gurgelt. Als die Kinder auch darauf mit Nein antworten, fragt er beim fünften Mal: »Was ist es denn?« Alle Kinder drücken sich mit zwei Fingern die Nase zu und rufen laut: »Nimm die Wäscheklammer von der Nas!«

Der gepanschte Honigwein

Ein Spiel zur Förderung des Geschmacks-sinns
Material: 4 identische Trinkgläser; gelbe Lebensmittelfarbe; stichfester Honig; heißes Wasser

Dass Brummels Onkel Schummel ein ganz gewiefter Schlawiner ist, weiß bereits ein jeder von euch. Dass er aber schon einmal Brummels Vater gewaltig auf die Schippe genommen hat,

wisst ihr sicher noch nicht. Brummels Vater liebt Honigwein über alles. Ein Gläschen Honigwein trinkt er jeden Abend, wenn er Zeit dazu findet. Manchmal brüstet er sich damit, dass er ein wahrer Honigweinkenner ist. Und da dachte sich Onkel Schummel: »Na warte, alter Brummel Bär, das wollen wir erst einmal sehen!« Er brachte bei einem seiner Abendbesuche ein Tablett mit, auf dem vier identische Gläser standen, in jedem Glas die gleiche Menge an Flüssigkeit, leuchtend gelb wie ein guter Honigwein. »Hier sind vier erstklassige Honigweine«, sagte er zu Vater Brummel, »suche du mir den Edelsten heraus!« Vater Brummel begann zu kosten, nahm hier ein Schlückchen, da ein Schlückchen, spitzte den Mund, gurgelte, als wenn er sich nach dem Zähneputzen den Mund ausspülen wollte und gab dann sein Urteil ab. »Es sind alles gute Weine, aber dieser hier ist der beste.« Er hob ein Glas in die Höhe. »Hat es einen roten Punkt auf dem Glasboden?«, fragte Onkel·Schummel. »Nein, hat es nicht!« »Dann ist es gefärbtes Wasser«, erwiderte Onkel Schummel und Vater Brummel fiel nach hinten auf sein Moospolster. Denn nur in einem Glas befand sich echter Honigwein, die anderen waren mit gelb gefärbtem Wasser gefüllt.

Alle Kinder schlüpfen in die Rolle von Vater Brummel. Die Übungsleiterin stellt Onkel Schummel dar. Sie hat in vier Gläser heißes Wasser gefüllt und gelbe Lebensmittelfarbe darin aufgelöst. Nur in einem Glas hat sie einen Teelöffel stichfesten Honig aufgelöst. Welches Glas ist das mit dem Honiggeschmack?

Beerenmus

Als Einzelförderung oder Kleingruppenspiel zur Förderung des Geschmackssinns
Material: 4 Bilder, zu sehen sind darauf jeweils ein Apfel, eine Birne, ein Pfirsich, eine Banane; gelbe Lebensmittelfarbe; Fruchtmus; 4 Gläser

Bären sind, wenn sie nicht gerade auf Honigklau aus sind, begeisterte Beerensucher. Auch Brummel und seine Bärenfreunde. Eines Tages schickt ihn und seine Freunde Brummels Mutter in den Wald, um für das Festessen zu Omas Geburtstag viele Beeren und andere Früchte zu sammeln. Gesagt getan, schnell waren die Körbe gefüllt. Jeder hatte in seinem Korb immer nur Früchte einer Sorte, damit es kein Durcheinander gab. Da kam Hendrik, das Eisbärenkind, auf die unselige Idee, den Rückweg doch zum Fangenspielen zu nutzen. Und keiner sagte Nein. So kam es zum großen Unglück. Kurz vor Brummels Höhle stießen nämlich alle Bärenkinder zusammen. Die Bärenjungen hielten sich die Köpfe oder an-

dere Körperteile, aber was viel schlimmer war: Alle Früchte waren wild um sie herum verteilt. Auf einigen von ihnen waren die Bären ausgerutscht. Nun war guter Rat teuer. Pauli Pandabär hatte eine rettende Idee: »Wir malen die verschiedenen Früchte, die wir gesammelt haben, auf Papier, schneiden sie aus und heften sie einzeln an die verschiedenen Körbe. Dann versuchen wir herauszufinden, welche zerdrückte Frucht bzw. welches Fruchtmus in welchen Korb kommt. Manche Früchte sind ja noch zu erkennen, andernfalls probieren wir das Mus.« Und so taten es die Bären. Wegen ihrer guten Idee schimpfte Brummels Mutter auch nicht mit ihnen. Ein Kind ist nun ein Bärenkind. Vor ihm liegen die Abbildungen von ver-

schiedenen Früchten: Apfel, Birne, Banane, Pfirsich. Unter einem Tuch stehen vier Gläschen mit Früchtemus aus den vier abgebildeten Fruchtsorten. Jedes Glas ist mit gelber Lebensmittelfarbe versetzt, um nicht gleich erkannt zu werden. Das Tuch wird gelüftet, das Bärenkind darf probieren und die einzelnen Gläser den Bildern zuordnen.

Literaturverzeichnis

Jean A. Ayres: Bausteine der kindlichen Entwicklung. Die Bedeutung der Integration der Sinne für die Entwicklung des Kindes. Berlin, 2. Aufl. 1992

Ingelid Brand / Erwin Breitenbach / Vera Maisel: Integrationsstörungen. Diagnose und Therapie im Erstunterricht. Würzburg, 6. Aufl. 1997

Erwin Breitenbach: Material zur Diagnose und Therapie auditivier Wahrnehmungsstörungen. Würzburg 1995

Waltraut und Winfried Doering (Hrsg.): Sensorische Integration. Anwendungsbereiche und Vergleich mit anderen Fördermethoden/Konzepten. Dortmund, 4. Aufl. 1999

Marianne Frostig / David Horne: Visuelle Wahrnehmungsförderung. Bearbeitet und herausgegeben von Anton Reinartz und Erika Reinartz. Hannover (o.J.)

Sabine und Susanne Hufmann: Blumen der Sonne. Naturmeditationen mit Kindern. München 1997

Christine Kaniak-Urban: Jedes Kind hat seine Stärken. Typgerecht erziehen, seelische Nöte erkennen, Kompetenzen fördern. München 1999

Sabine Pauli / Andrea Kisch: Was ist los mit meinem Kind? Bewegungsauffälligkeiten bei Kindern. Berlin, 7. Aufl. 1998

Jirina Prekop: Der kleine Tyrann. Welchen Halt brauchen Kinder? München, 18. Aufl. 1997

Christel Schweizer / Jirina Prekop: Was unsere Kinder unruhig macht ... Ein Elternratgeber. Aufklärung über Ursachen der Hyperaktivität, Empfehlungen zur Förderung der normalen Entwicklung. Stuttgart, 2. Aufl. 1997

Sabine Seyffert: Kleine Mädchen – Starke Mädchen. Spiele und Phantasiereisen, die mutig und selbstbewusst machen. München, 2. Aufl. 1998

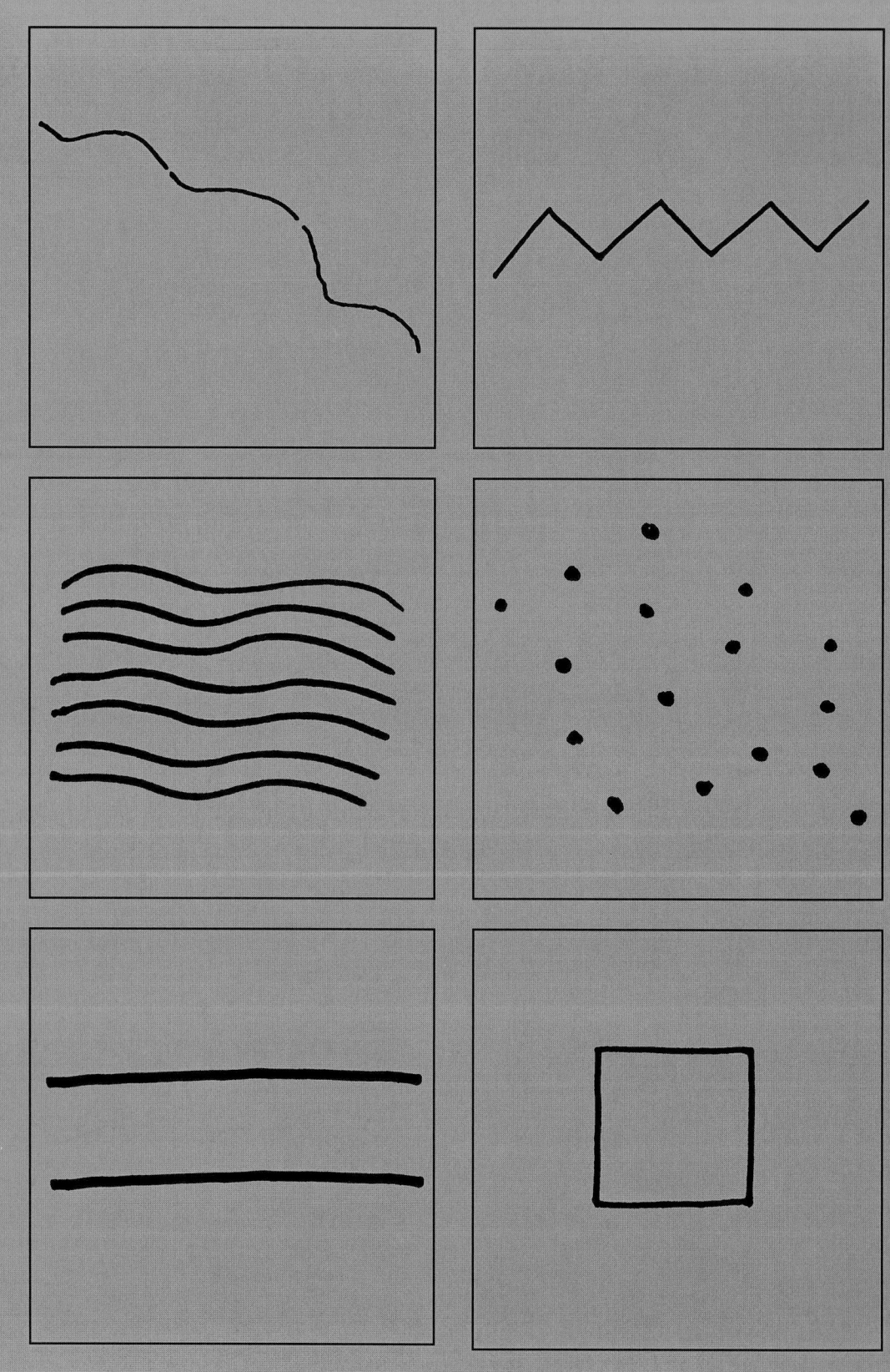

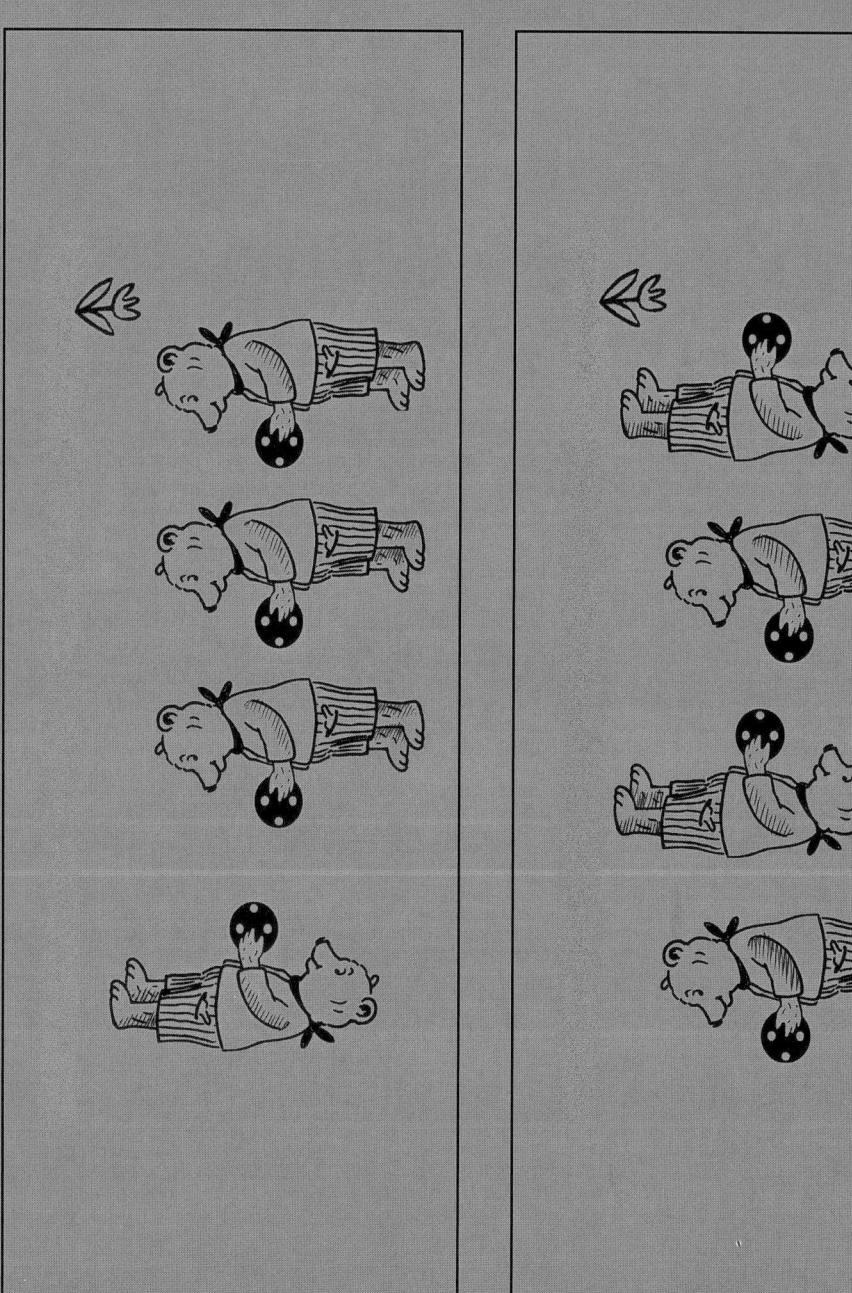

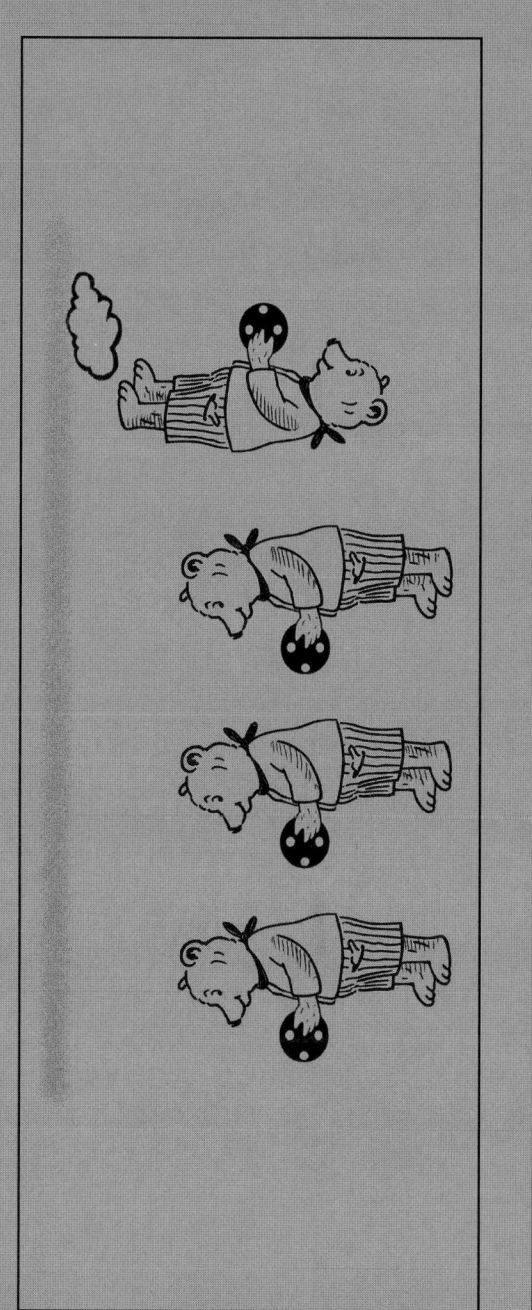

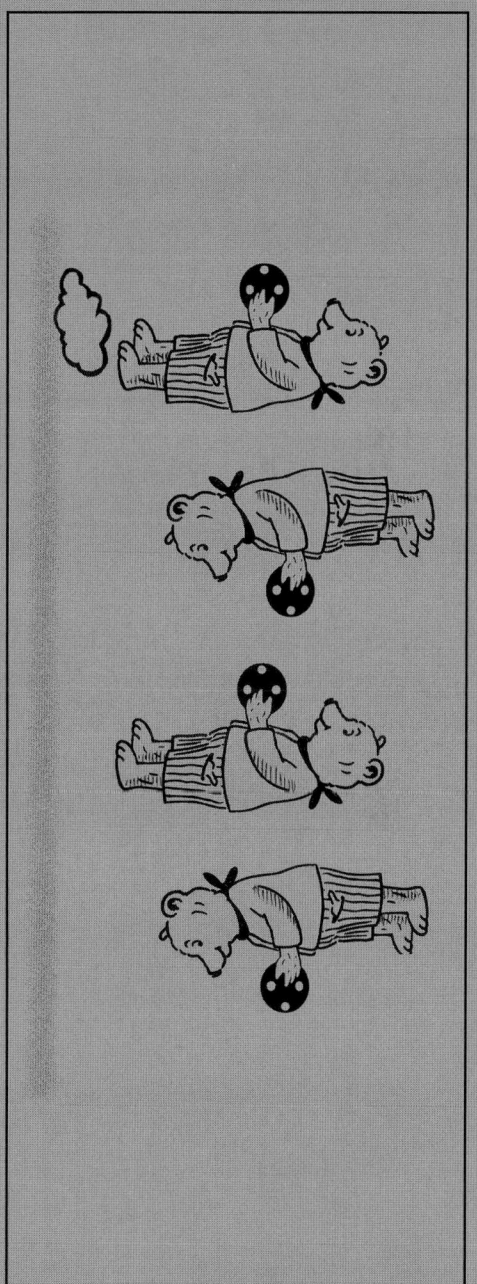

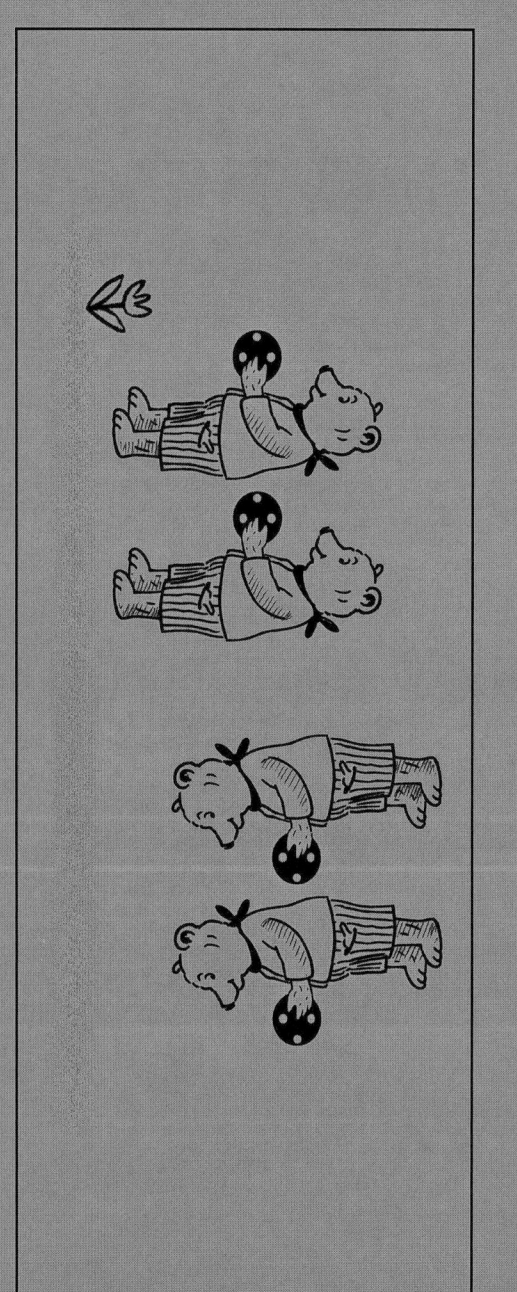
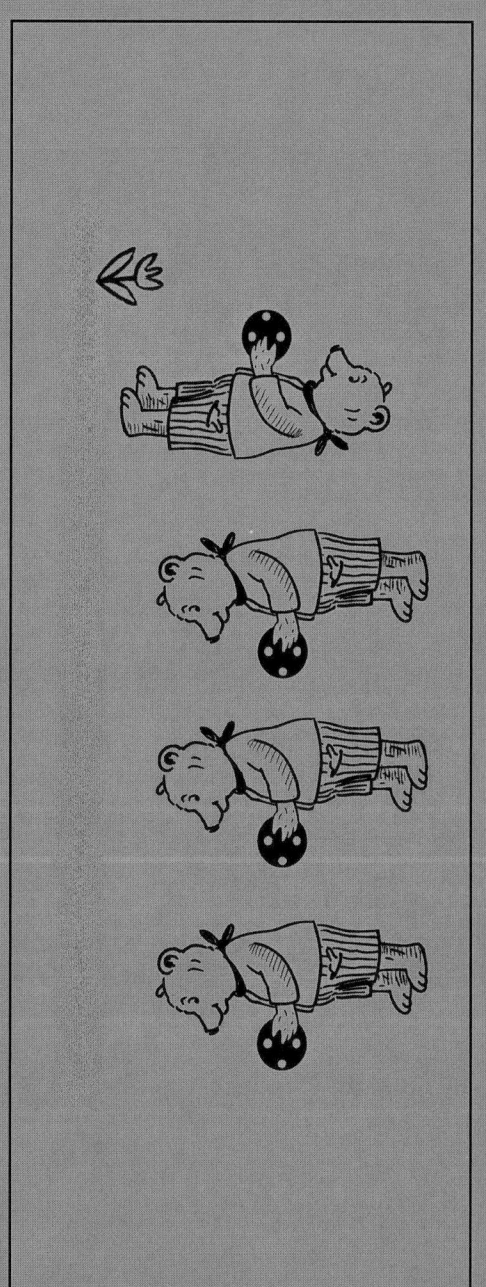

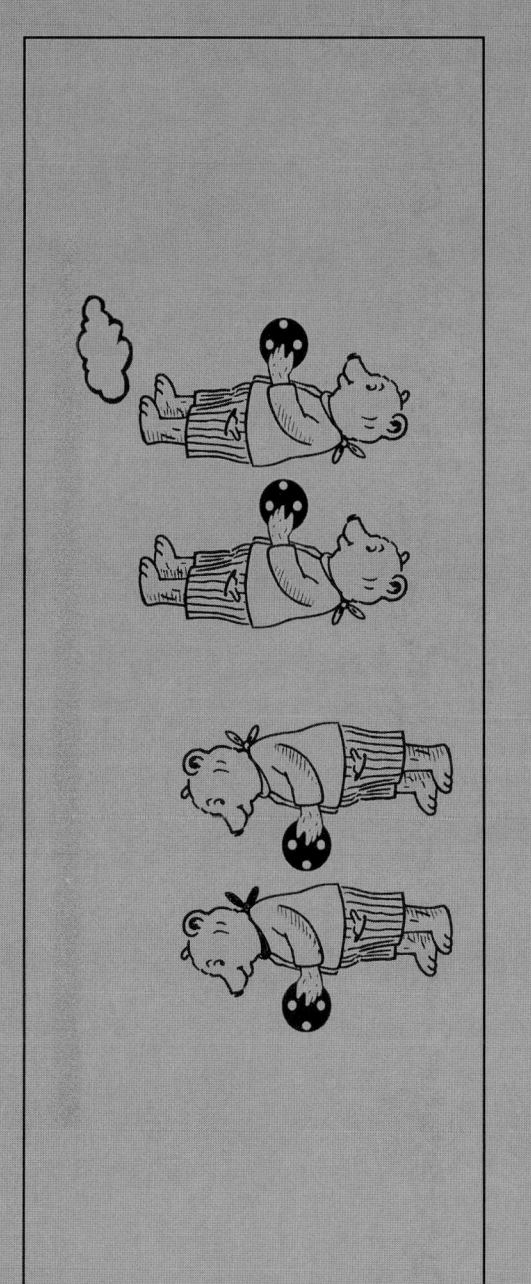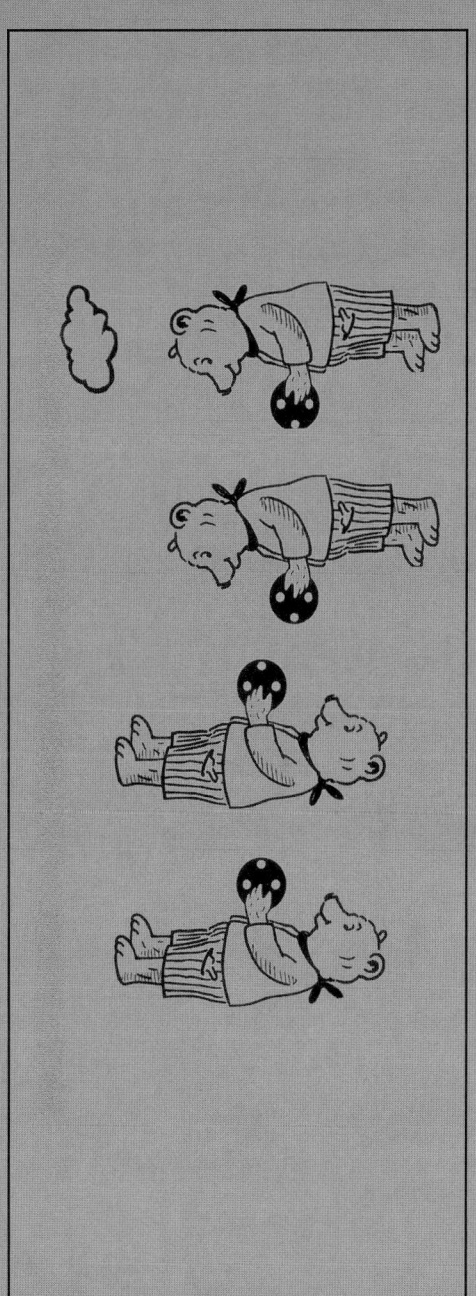

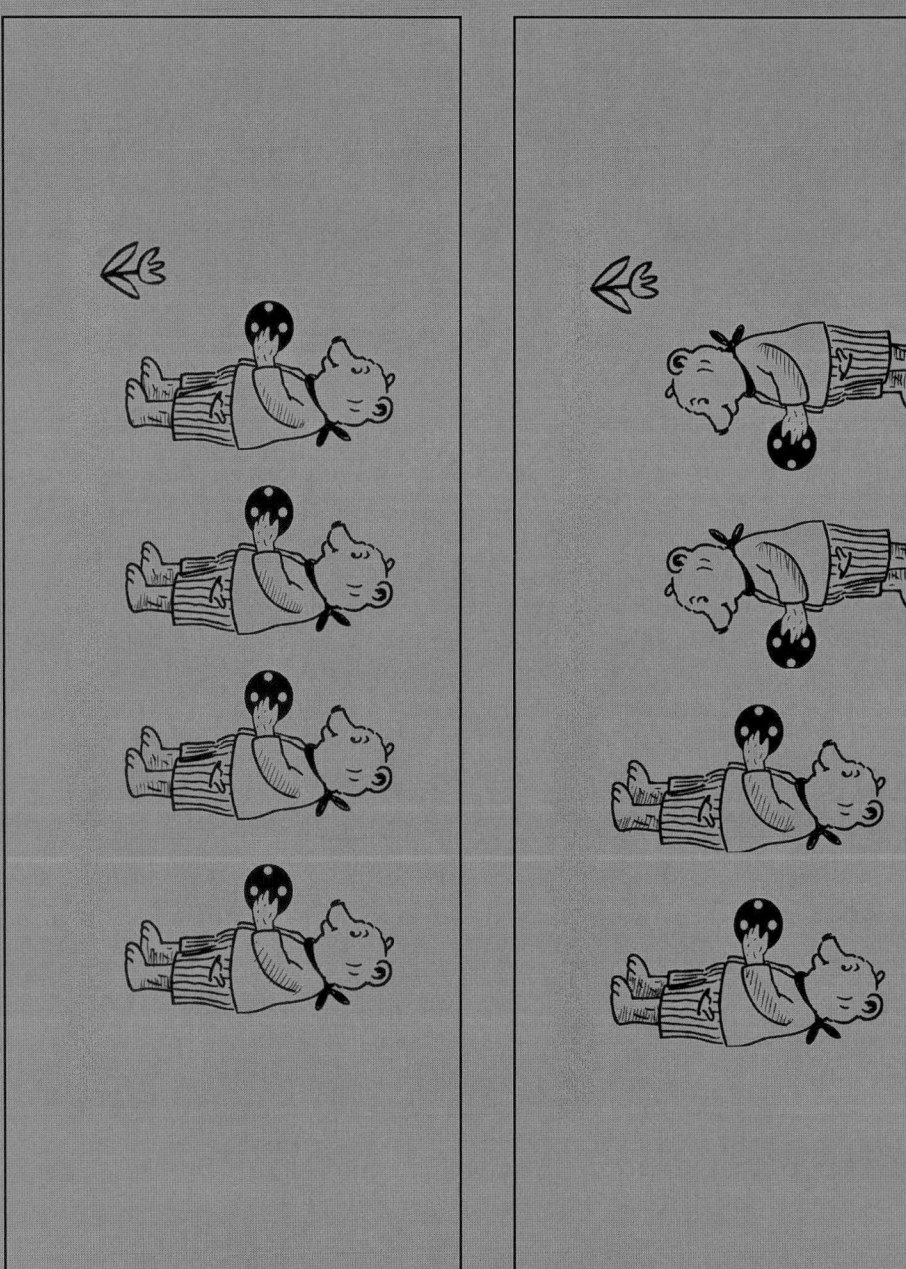

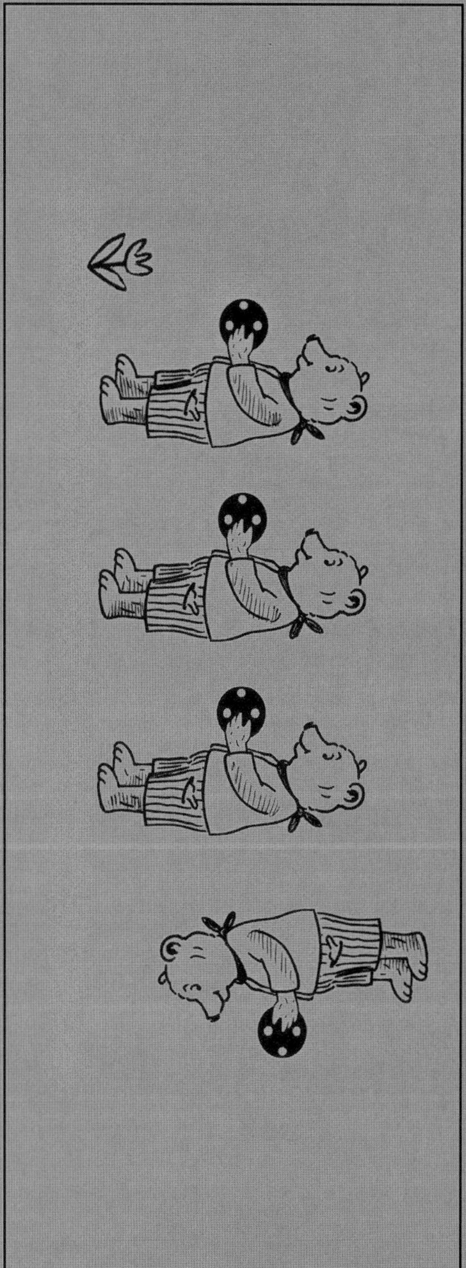